becher Buschwindröschen
Schneeglöckchen Hyazinthen
Vergissmeinnicht Veilchen Maiglöck-
Blausternchen Wolfsmilch Frauenmantel Stief-
alomonsiegel SOMMER Pfingstrosen
torchenschnabel Kapuzinerkresse Glocken-
Rittersporn Malven Mohn Felbe-
draute Fingerhut Melisse
Nachtkerze Königslilie Geißblatt
ST Äpfel Astern Dahlien Kürbisse
ckern Nüsse buntes Laub Chrysan-
beeren Hortensien wilde Brombeeren
en Lampionblumen Eisenhut
eu Buchs Viburnum vergoldete Hortensienrispen Amaryllis Eukalyptus Tan-
Muskat Nelken Holz Wurzeln Barbarazweige Zier- oder Crabäpfel getrock-
en Ingwer Schneebeeren Eiben ...

FRÜHLING Winterlinge Märze
Gänseblümchen Narzissen Traubenhyazinth
Bärlauch Primeln Stiefmütterchen Tränendes
chen Flieder Iris Tulpen Ranunk
mütterchen Hornveilchen Waldmeister Huflattich Akelei
Duftwicken Lavendel Rosen
blumen Stockrosen Hartriegel Lupinie
rich Sonnenblumen Seerosen
Zitronenthymian Minze Rosmarin Weihrauc
Basilikum Duftpelargonie Tuberrose HER
Hagebutten Maroni Kastanien Bu
themen Birnen Kraut Viburnu
Vogelbeeren Wilder Wein Trau
WINTER Schnee Tannenzweige Christrosen Ilex
nenzapfen Moos Skimmy Martinsäpfel Nüsse Olivenzweige Datteln Zimtrinde Sterna
nete Früchte Orangen Mandarinen Stechpal

MIT GENUSS DURCHS GARTENJAHR

FSC
Mix
Produktgruppe aus vorbildlich bewirtschafteten Wäldern, kontrollierten Herkünften und Recyclingholz oder -fasern
Product group from well-managed forests, controlled sources and recycled wood or fibre
www.fsc.org Zert.-Nr. SGS-COC-004238
© 1996 Forest Stewardship Council

Für die Schwabenverlag AG ist Nachhaltigkeit ein wichtiger Maßstab ihres Handelns. Wir achten daher auf den Einsatz umweltschonender Ressourcen und Materialien.
Dieses Buch wurde auf FSC-zertifiziertem Papier gedruckt. FSC (Forest Stewardship Council) ist eine nicht staatliche, gemeinnützige Organisation, die sich für eine ökologische und sozial verantwortliche Nutzung der Wälder unserer Erde einsetzt.

Bibliografische Information der Deutschen Nationalbibliothek
Die Deutsche Nationalbibliothek verzeichnet diese Publikation in der Deutschen Nationalbibliografie; detaillierte bibliografische Daten sind im Internet über http://dnb.d-nb.de abrufbar.

www.thorbecke.de · info@thorbecke.de

Gestaltung: die Basis, Wiesbaden
Gesamtherstellung: Jan Thorbecke Verlag, Ostfildern
Hergestellt in Deutschland
ISBN 978-3-7995-3566-3

Sylvia Hämmerle

Mit Genuss durchs Gartenjahr

Meine besten Rezepte

THORBECKE

Einleitung

„Lebe jede Jahreszeit, wie sie kommt. Atme die Luft, trinke, schmecke die Früchte und überlasse dich ihrem Einfluss.“ Henry David Thoreau (1817–1862)

Essen ist nicht nur das Stillen eines Grundbedürfnisses, sondern, wenn wir bewusst auf unsere Sinne achten, auch sinnlicher Lebensgenuss. Dank unserer Sinne können wir die Welt um uns entdecken.

Unser Geruchs- oder Duftsinn entwickelt sich als erster und hat daher eine besonders enge Verbindung zum Gehirn. Wie oft erinnern wir uns nur an den Geruch von etwas, wie oft verbinden wir Gefühle mit Gerüchen. Stelle man sich vor, wie ein Sommergarten nach einem warmen Regen duftet! Der Geschmackssinn ist sehr eng mit dem Duftsinn verbunden. Für mich ist es jedesmal ein Erlebnis, neue Geschmacksrichtungen zu kreieren, und ein fantastisches Gefühl, diese auf der Zunge zergehen zu lassen.

Auch die anderen Sinne sind, jeder für sich genommen, ein Wunderwerk. Wie unnatürlich still und auch leer zum Beispiel ist die Welt ohne Geräusche. Man stelle sich einen Garten ohne Vogelgesang vor! Oder der Tastsinn, der uns die Oberfläche der Dinge nahebringt. In eine österreichische Textilfamilie hineingeboren, hat mich schon immer der unterschiedliche Griff der verschiedensten Stoffmaterialien fasziniert und ich lernte so, nur mit Tasten die Materialien zu unterscheiden. Lassen Sie einmal eine Naturseide durch Ihre Finger gleiten und sie werden überrascht sein, wie angenehm der Stoff über die Haut streichelt. Beim Sehen kommen wir zu den Farben, die für mich so wichtig sind. Gerade auch in der Natur fällt es auf, wie harmonisch Farbkompositionen aufeinander abgestimmt sind. Da kann sich so mancher Gärtner ein Beispiel nehmen.

Es ist einfach wundervoll, die schönen Dinge im Leben zu sehen und bewusst wahrzunehmen. Wo immer ich in der Natur hinkomme, verharre ich, sehe und schaue und freue mich an all der Schönheit, die ich dort entdecke. Man muss nur hinschauen und das Gefundene im Herzen mit nach Hause tragen. So sind auch viele Ideen für meine Gartengestaltung entstanden und auch die meisten Anregungen zu neuen Rezepten mit neuen Geschmacksrichtungen. Denn zum Kochen gehört meines Erachtens mehr, als nur das Rezept nachzuahmen. Dies weiß jeder, den die Kochleidenschaft packt, denn bald entdeckt man, dass es Spaß bereitet, Zutaten nach eigenen Ideen zu verändern und etwas ganz Eigenes und Persönliches zu kreieren. Ich finde es schön, etwas zu tun, das mich ganz ausfüllt – kochen und genussvoll essen, Ideen haben, mit den Händen etwas schaffen, was unser Leben schöner macht. Meine Ideen kommen spontan und ich versuche, sie umzusetzen und öfter aus dem Bauch heraus zu handeln. In Zeiten des Diätkults soll dies eine Botschaft für Lebensfreude und Genuss sein.

Freude und Leidenschaft braucht es, um zu genießen – aber auch liebe Menschen, die diesen Genuss mit uns teilen. Für meine Gäste, die ich leidenschaftlich gern verwöhne, habe ich für jede Jahreszeit ein Menü zusammengestellt. Ich liebe es, nach Jahreszeiten zu kochen und auf dem Markt die frischen, saisonalen Zutaten dafür einzukaufen. Das schmeckt nicht nur viel besser, sondern ist auch günstiger und tut unserer Umwelt gut. Das farbenfrohe Angebot an frischem Gemüse und duftenden Blumen auf dem Markt ist einfach ein Fest für die Sinne. Mag ein Arbeitstag noch so hektisch sein, so werde ich nur in Notfällen auf Tiefkühlprodukte zurückgreifen. Neben frischen Zutaten verwende ich immer möglichst naturbelassene Produkte ohne Zusatzstoffe.

Für meine Einladungen ist schon allein das Dekorieren und die Gestaltung des Tisches eine Zeremonie für sich. Selbst ein Butterbrot kann sich in ein Festmahl verwandeln, wenn Sie ein winziges Veilchen in einem alten, geschliffenen Schnapsglas dazustellen oder ein Gänseblümchen mit dem Schnittlauch aufs Brot streuen. Wenn wir dann in Gesellschaft unserer Freunde die verschiedenen Geschmacksvariationen buchstäblich auf der Zunge zergehen lassen und jeder genießt, ist das Genuss pur für mich.

Oft laden wir unsere Freunde am Freitagabend ein. Damit alles entspannt funktioniert, beginne ich schon montags zu planen, indem ich alle Gänge durchnummeriere und eine genaue Einkaufsliste mache, welche Zutaten ich wo und wann bekomme. Dienstag kaufe ich dann die haltbaren Lebensmittel ein, plane die Tischdekoration und bereite schon das Sorbet zu. Mit etwas Platz im Haus lässt sich bereits Mittwoch der Tisch decken. Außerdem hole ich dann Gemüse und Blumen frisch vom Markt, stecke die Blumenarrangements und bereite Suppen und Saucen zu, eventuell auch schon Nachtisch oder Torten und Petit Fours. Donnerstag laufen in Ruhe die restlichen Vorbereitungen fürs Menü. So muss Freitag nur noch das Kurzfristige erledigt werden und man kann in Ruhe am Nachmittag einen Spaziergang machen.

Ich muss zugeben, dass ich nach fast 27 Jahren eine solche Routine entwickelt habe, dass ich auch ein 9-Gänge-Menü für acht Personen reibungslos vorbereiten kann und mir immer noch genug Zeit für unsere Gäste bleibt. Aber das ist schließlich auch das Wichtigste, denn nur mit einer entspannten Gastgeberin fühlen sich auch die Gäste rundum wohl. Fangen Sie also lieber klein an, beispielsweise mit drei Gängen, und steigern Sie sich langsam.

Die Jahreszeiten bewusst zu erleben, ist für mich aber nicht nur auf den Kochgenuss beschränkt. Ich führe Tagebuch über meinen Garten, über Eindrücke, Gefühle und Beobachtungen, und ich möchte Sie daran teilhaben lassen wie auch an meinen Einladungen und Menüplanungen. Ein waches Auge für die Natur setzt neue Ideen und schlummernde Kreativität in Ihnen frei – für die kleinen, schönen Dinge im alltäglichen Leben.

Viel Spaß beim sinnlichen Durchwandeln der Jahreszeiten!

Anmerkung: Die meisten Rezepte sind für vier Personen kalkuliert. Ausnahmen gibt es bei Eis, Sorbet, Torten, Kuchen und Gebäck. Koche ich ein ganzes Menü, bereite ich allerdings sehr kleine Portionen zu.
Mit dem Maß Esslöffel meine ich einen richtig tiefen, altmodischen, keinen flachen, modernen Designerlöffel (für Teelöffel gilt das Gleiche). Und meine wichtigsten Grundsätze sind: Mit frischen Kräutern immer verschwenderisch umgehen, ebenso mit Olivenöl. Pfeffer immer frisch mahlen. Als Salz empfiehlt sich Fleur du Sel. Zum Verfeinern von Saucen nehme ich Noilly Prat Vermouth. Vincotto ist ein absolutes Muss zum Abrunden des Geschmacks.
Beim Backen immer eine Gabelprobe machen, da sich Elektro-, Gas- oder Umluftbacköfen sehr in der Temperaturregelung unterscheiden. Aus übrig gebliebenem Eiweiß lassen sich herrliche Meringen herstellen. Überschüssiges Eidotter wird für Mürbeteig verwendet.

Buschwindröschen
Narzissen
Traubenhyazinthen
Hyazinthen
Tränendes Herz
Veilchen
Maiglöckchen
Iris
Tulpen
Wolfsmilch
Huflattich
Akelei

Frühling

MÄRZ *Es ist so weit und der Frühling zeigt sich nicht nur auf der Fensterbank. Heute habe ich es gerochen – die Luft; sie riecht nach Frühling, der Geruch von der sich langsam erwärmenden Erde. Irgendetwas regt sich da draußen in meinem Garten und es zieht mich magisch an die frische Luft. Ich darf nichts von dem versäumen, was sich da abspielt. Heute Morgen in der Dämmerung weckte mich plötzlich ein unbeschreiblicher Vogelgesang. Vor einigen Tagen noch hatte ich nur einige zaghafte Amselstimmen gehört, und jetzt lag ich wach und hörte dem Konzert zu. Meine Gedanken waren bei meinem Garten, und während ich beruhigt wieder einschlief, freute ich mich auf die kommende Gartenarbeit.*

Die ersten Frühlingstage sind ein Geschenk für unsere Seele. Graue Wintertage sind in weiter Ferne, wenn die Narzissen explodieren und die Vergissmeinnicht dazwischen blau blitzen. Täglich wandelt sich mein Garten und ich versuche, diese wunderbaren Wandlungen mit meiner Kamera einzufangen. Jeden Herbst setze ich verschiedenste Sorten und Unmengen von Narzissenzwiebeln in unsere Wiese, und nach all den Jahren hier gleicht diese nun einem gelben Meer – ein sonniger Anblick auch bei Regen. Ein dezenter Duft weht mir entgegen, als ich das Fenster weit öffne. Von der Veranda aus beobachte ich, wie ein Eisvogel unbeweglich auf einem Ast des Zierapfelbaums am Teich sitzt. Plötzlich stürzt er sich ins Wasser und hat einen kleinen Goldfisch im Schnabel. Ein herrlicher Vogel mit seinem schillernd blauen Federkleid. Ihn zu sehen soll sieben Jahre Glück bedeuten.

Es wird wärmer und ich bin nicht mehr zu halten. Die Luft verändert sich und ein herrlicher Duft umstreicht meine Nase. Der Frühling ist eine Jahreszeit mit einer spürbar ungeheuren Kraft und Energie in der Natur, die sich auf uns überträgt, uns ansteckt. Schon beim Frühstück verkünde ich, dass ich heute den ganzen Tag im Garten verbringen werde. Der Rundgang gestern durch den Garten bestätigte mir, dass es viel zu tun gibt. Nicht nur müssen alle Stauden geschnitten, der Teich von Algen befreit werden, auch die Fenster vom Gartenhaus warten darauf, poliert zu werden. Mein Mann lächelt machtlos, denn er weiß: Wenn ich vom Gartenfieber gepackt werde, kommt er erst an zweiter Stelle.

Im Hof vor der Küche hat die alte Blutpflaume mit ihrem knorrigen Stamm ihre Knospen geöffnet und blüht in voller Pracht mit ihren porzellanfarbenen Blüten, gefolgt von der Schlehe. Die Buschwindröschen vor dem Haus bedecken zusammen mit Hunderten von wilden Krokussen und Primeln die Wiese und die Forsythien öffnen gerade ihre ersten Knospen. Im Teich habe ich den ersten Froschlaich entdeckt.

FÜR DIE TÖRTCHEN:
250 g Butter
250 g Zucker
Geriebene Schale von 1 unbehandelten Zitrone
1 TL Vanillezucker
5 Eier
250 g Mehl
1 Msp Backpulver
1 Pr Salz
1 frische Ananas
Butter zum Ausfetten der Form
Puderzucker

FÜR DIE CREME:
250 ml Sahne
2 EL Zucker
1 Schuss Kirschwasser

Puderzucker

ANANAS-TÖRTCHEN

Zum richtigen Gärtnern im Frühling gehört natürlich auch, sich die ersten warmen Sonnenstrahlen bei einer kleinen Pause ins Gesicht scheinen zu lassen. Um die Mußezeit zu versüßen, sind die kleinen Ananastörtchen ideal.

Die Butter mit Zucker, Zitronenschale und Vanillezucker schaumig schlagen. Die Eier trennen, die Eidotter dazugeben und weiter schlagen, bis die Masse weiß-schaumig ist. Mehl und Backpulver einrühren. Eiweiß mit dem Salz zu steifem Schnee schlagen und unter die Masse heben. Ananas von Stiel, Schale und Kern befreien, in sehr kleine Stücke schneiden und 3 Esslöffel vom Fruchtfleisch zu der Kuchenmasse geben.

Muffinformen gut ausbuttern und die Masse einfüllen. Im vorgeheizten Backofen bei 180 °C nicht zu lange (ca. 15–20 Minuten) backen. Abkühlen lassen, vorsichtig stürzen und mit Puderzucker bestreuen.

Die Sahne steif schlagen und mit Zucker sowie etwas Kirschwasser abschmecken. Die restlichen Ananasstückchen unterrühren und mit den frischen Törtchen zum Tee reichen.

Ihre Meinung ist uns wichtig!

Diese Karte lag in dem Buch:

Ihre Meinung zu diesem Titel:

Wie sind Sie auf diesen Titel gestoßen?

- ○ Buchbesprechung in: ....
- ○ Werbung | Anzeige in: ....
- ○ Verlagsprospekt
- ○ Entdeckung in der Buchhandlung
- ○ Internet
- ○ Empfehlung

Kannten Sie Thorbecke bereits?

○ ja ○ nein

Für welche Themen interessieren Sie sich?

- ○ Kräuter und Gärten
- ○ Essen und Trinken
- ○ Lebensart und Nostalgie
- ○ Geschenkbücher
- ○ Kalender

- ○ Vor- und Frühgeschichte
- ○ Antike
- ○ Mittelalter
- ○ Neuzeit
- ○ Kulturgeschichte
- ○ Geschichtswissenschaften

- ○ Baden-Württemberg
- ○ Kulturraum Bodensee

Liebe Leserin, lieber Leser,

gerne informieren wir Sie über unsere neuen Bücher. Schicken Sie einfach diese Karte zurück.

Wenn Sie möchten, beantworten Sie doch bitte unsere Fragen auf der Rückseite. Damit tragen Sie dazu bei, daſs Sie zukünftig Bücher bei uns finden, die genau SIE interessieren.

Wir revanchieren uns für Ihre Mühe: Unter allen Einsendern verlosen wir monatlich 5 Bücher Ihrer Wahl.

VORNAME | NAME

STRASSE | HAUSNUMMER

PLZ | ORT

E-MAIL

Bei Angabe Ihrer Adresse erhalten Sie rund 3 mal jährlich unseren Newsletter, der Sie über neue Thorbecke-Bücher informiert.

ANTWORT

JAN THORBECKE VERLAG

Senefelderstraſse 12
D-73760 Ostfildern

APRIL

APRIL *Im Wald heute Morgen bot sich mir ein wunderbarer Anblick. Ein weicher, hellgrüner Teppich aus blühendem Sauerklee, Buschwindröschen und Waldmeister bedeckte den Waldboden und mein Weg war blau gesäumt von Hundsveilchen, dazwischen hellgelbe Primeln, dottergelbe Huflattichblüten und an feuchten Stellen blühte sogar der großblättrige Huflattich weiß. Solange die Buchen noch fast ohne Grün sind, haben diese sauren Boden liebenden Pflanzen Vorrang und eine Chance, ihre Schönheit vorzuzeigen. In meinen Gedanken tauchen Bilder von Waldmeisterbowle und kandierten Veilchen auf.*

Die Erde erwärmt sich und dampft unter den schon recht kräftigen, immer stärker werdenden Sonnenstrahlen. Ich kann es jedes Jahr kaum erwarten, meine Hände in die dunkle Erde zu graben und diese zwischen meinen Fingern zu verreiben, meinen fertigen Kompost auf den Beeten zu verteilen und umzugraben. Es ist so beruhigend, in der Erde zu graben, Gras zu mähen und Bäume und Sträucher zu beschneiden und so in Form zu bringen.

Jetzt ist die Zeit gekommen, sich über Änderungen im Garten, Neubepflanzungen und Herbstzwiebeln Gedanken zu machen und tätig zu werden. Auf dem Tisch beim Fenster habe ich die letzten Wochen Sämlinge aufgezogen, die schon recht bald groß genug zum Verpflanzen sind. Nicht einmal der manchmal noch recht eisige Wind kann mich davon abhalten, täglich im Garten zu werkeln.

Aus unzähligen Knospen wird ein Blütenmeer. Inzwischen blüht es wirklich überall und das starke Verlangen nach Farbe wird gestillt, wenn die Tulpen in allen Schattierungen ihre Kelche öffnen und wie ein Feuerwerk explodieren. Unsere Magnolie steht in voller Blüte, und insgeheim hoffe ich, dass diese schönen, so exotisch aussehenden Blüten dieses Jahr nicht von Regen oder gar noch einem späten Nachtfrost verunstaltet werden. Das Gleiche wünsche ich mir für die Birn- und Apfelbäume in den Obstplantagen. Letztes Jahr wurden diese mit Wasser besprüht, damit sich eine Eisschutzschicht um die Blüten bildet – gegen den noch einmal wiederkehrenden späten Frost.

Gelbe Teppiche von Löwenzahn und Raps leuchten weit übers Land. Da ist die Verlockung groß, sich auf so einer natürlichen Decke ein Picknick vorzubereiten. Oder gar einen Kaffeenachmittag zwischen blühenden Bäumen. Mein Tatendrang geht gleich mit mir durch und ich fange an zu organisieren.

Gugelhupf

Unter blühenden Bäumen mit Gugelhupf und einer Tasse Earl Grey den Nachmittag zu genießen, schafft eine Ruheinsel im Alltag.

4 Eier
200 g Zucker
1 TL Vanillezucker
200 g Mehl
1 Msp Backpulver
1 Schuss Rum
Geriebene Schale von 1 unbehandelten Zitrone
250 ml Sahne
Butter für die Form
Etwas Puderzucker

Die Eier mit dem Zucker und dem Vanillezucker schaumig schlagen. Mehl, Backpulver, Rum und Zitronenschale unterrühren und dann die steif geschlagene Sahne unterziehen. In eine gut ausgebutterte Gugelhupfform füllen und im vorgeheizten Backofen bei 180 °C ca. 40–50 Minuten goldgelb backen. Auskühlen lassen und erst dann stürzen. Mit Puderzucker bestäuben.

Gelatine für 1,5 l Flüssigkeit
1 l Milch
1 l Sahne
1 TL Vanillezucker
100 g ungeschälte ganze Mandeln
Zucker nach Belieben

Die Gelatine in kaltem Wasser einweichen. Die Milch mit der Sahne, dem Vanillezucker und den Mandeln aufkochen und mit Zucker abschmecken. Die eingeweichte Gelatine ausdrücken und in der heißen Mandelrahmmilch auflösen. Mit dem Schneebesen rühren, bis die Flüssigkeit etwas abgekühlt ist, damit keine Haut entsteht. Dann den nun zart nach Mandel schmeckenden Milchrahm durch ein Sieb gießen, in eine große Form oder kleine Förmchen füllen und kühl stellen. Ist der Pudding fest, serviert man ihn mit frischen Beeren oder, wie Anna damals, mit Pfirsichhälften.

Mandel-Pudding

Dieser Pudding ist eine Kindheitserinnerung und darf hier auf keinen Fall fehlen. Unsere Kinderfrau Anna hat ihn oft für uns gemacht. Sie nannte ihn falsche Spiegeleier, da sie auf den fertigen Pudding Pfirsichhälften aufsetzte.

Frühlingsmenü

Bei meinem frühmorgendlichen Waldspaziergang mit meinem Hund bin ich überwältigt von der explosionsartig heranwachsenden Blättermenge an den Buchen. Der Anblick der frischen, jungen Blättchen mit den sanften, zarten Grüntönen an den Bäumen und Sträuchern erfreuen mein Herz und eine innere, zufriedene Ruhe breitet sich in mir aus. Es fasziniert mich jedes Jahr aufs Neue, wie neues, frisches Leben in den Pflanzen erwacht. Ich beschließe, meine Freunde zum Frühlingsmenü einzuladen.

MENÜFOLGE Bruschetta mit Bärlauchpesto | Frühlingssalat mit gegrilltem Ziegenkäse | Lachsnockerln in Bärlauchrahmsauce mit Spargelrisotto | Holunderblütensorbet | Kalbsfilet mit frischen Morcheln, Nudeln und grünem Spargel | Käseplatte | Topfennockerl mit Rhabarberkompott und Mascarponemousse | Schokoladentrüffel | Rhabarber-Baiser-Torte | Meringen

Vom Knoblauch den Stiel und die äußerste Schicht entfernen, die Knolle hacken. Den Bärlauch waschen und abtropfen lassen. Alle Pestozutaten außer Salz und Pfeffer in eine Schüssel geben und mit dem Pürierstab fein pürieren. Mit Salz (Vorsicht, da der Parmesan schon salzig ist) und Pfeffer abschmecken. Vor dem Verzehr einige Tage durchziehen lassen.

Für die Bruschetta das Baguette in dünne Scheiben schneiden und mit Olivenöl einpinseln. Unter dem Grill des Backofens auf beiden Seiten leicht rösten. Dünn mit dem Pesto bestreichen. Passt hervorragend zum Aperitif.

Natürlich kann man die Bruschetta auch anders servieren: Herrlich schmeckt beispielsweise auch eine Mischung aus klein geschnittenen, süßen Cocktailtomaten, gehacktem Basilikum, gehacktem grünen Knoblauch, einer Prise Zucker, Vincotto, etwas Olivenöl, Pfeffer und Salz.

FÜR DAS PESTO (ERGIBT CA. 1250 ML):
1 frische, grüne Knoblauchknolle
300 g oder eine große Handvoll Bärlauch
750 ml Olivenöl
300 g Cashewnüsse (verwende ich anstatt Pinienkernen, da diese oft seifig schmecken)
400 g frisch geriebener Parmesan
Etwas Salz
Frisch gemahlener Pfeffer

FÜR DIE BRUSCHETTA:
Ein dünnes Baguette
Olivenöl (ich bevorzuge fruchtiges, ligurisches Öl)

Bruschetta mit Bärlauchpesto

Das Pesto mache ich immer gleich auf Vorrat, wenn mein Garten im Bärlauch unterzugehen droht. In verschließbaren Gläsern abgefüllt lässt es sich im Kühlschrank gut mehrere Monate bis zu einem Jahr aufbewahren.

Pestospaghetti

Eine besondere Frühlingsvariante ist es, dem kochenden Nudelwasser zwei gute Handvoll Bärlauch zuzufügen und mitzukochen. Beim Abseihen verbleibt dann der Bärlauch in der Pasta. Zum Schluss das Bärlauchpesto unterrühren.

FÜR DEN SALAT:
1 Freiland-Kopfsalat
1 Handvoll Kresse
4 gelbe Löwenzahnpflanzen
1 Bund Kerbel
½ Bund Petersilie
1 Bund Schnittlauch
4 Radieschen

FÜR DAS DRESSING (JE NACH GESCHMACK UND ESSIGSTÄRKE, RICHTLINIE IST EIN TEIL ESSIG ZU DREI TEILEN ÖL):
Fruchtiges Olivenöl
Balsamicoessig
Apfelessig
Vincotto
1 TL Senf
1 grüne kleine Knoblauchknolle
Frisch gemahlener Pfeffer
Salz

FÜR DEN ZIEGENKÄSE:
4 kleine ganze Ziegenfrischkäsescheiben
4 EL Körnermix (für Salate)
4 TL Ahornsirup
Ein paar Gänseblümchen zum Dekorieren

FRÜHLINGS-SALAT

Salate und Kräuter waschen, gut trocknen lassen. Petersilie und Schnittlauch fein schneiden, die Radieschen mit dem Gurkenhobel fein hobeln. Für das Dressing den Stamm und die äußere Schicht der Knoblauchknolle entfernen und die Knolle fein hacken. Mit den anderen Zutaten vermischen. Das Dressing über den Salat geben und diesen auf vier Teller verteilen.

Die Ziegenkäsescheiben auf ein mit Backpapier belegtes Blech legen, mit den gemischten Körnern bestreuen und den Ahornsirup darübergeben. Im vorgeheizten Backofengrill grillen, bis der Käse anfängt zu schmelzen. Auf die Teller zum Salat setzen. Mit den Gänseblümchenköpfen dekorieren.

Lachsnockerln in Bärlauch-Rahmsauce mit Spargelrisotto

FÜR DIE LACHSNOCKERLN:
250 g frischen Lachs (z. B. Salmo Salar, ohne Zusatzstoffe)
200 ml Sahne
1 Ei
Frisch gemahlener Pfeffer
1 Pr frisch gemahlene Muskatnuss
Salz

FÜR DIE SAUCE:
1 gute Handvoll Bärlauch
1 grüne kleine Knoblauchknolle
1 walnussgroßes Stück Butter
1 TL Mehl
500 ml Sahne
Frisch gemahlener Pfeffer
Salz

FÜR DAS RISOTTO:
200 g grüner Spargel
2 EL Olivenöl
1 Bund Frühlingszwiebeln
1 Knoblauchzehe
400 g Risottoreis
1 Lorbeerblatt
Salz
1 walnussgroßes Stück Butter
250–500 ml Weißwein
500 ml klare Rindssuppe
Etwas gehackte Petersilie
250 ml Sahne
Frisch gemahlener Pfeffer
100 g geriebener Parmesan

Den Lachs in kleine Stücke schneiden und mit der Sahne, dem Ei und den Gewürzen mit dem Pürierstab fein pürieren. 10 Minuten ruhen lassen.

Für die Sauce inzwischen den Bärlauch waschen, abtropfen lassen und hacken. Vom Knoblauch den Stiel abschneiden und die äußerste Haut abziehen. Die Knolle fein hacken und in der Butter kurz anschwitzen, dann den gehackten Bärlauch dazugeben, kurz andünsten und mit dem Mehl anschwitzen. Die Sahne angießen, kurz einkochen lassen und dann mit dem Pürierstab fein pürieren. Mit Pfeffer und Salz abschmecken. Vor dem Servieren kurz erhitzen.

Für das Risotto vom Spargel großzügig die Enden abschneiden, in 1 cm lange Stücke schneiden. Mit dem fein geschnittenen Knoblauch und Frühlingszwiebeln zusammen in Olivenöl anbraten. Den Reis, das Lorbeerblatt und etwas Salz zufügen. Umrühren und mit dem Wein sowie der Suppe aufgießen. Den Spargel dazugeben. Unter ständigem Rühren auf niedriger Temperatur köcheln lassen, bis das Risotto kernig weich und cremig ist. Eventuell mehr Wein aufgießen. Sahne, Butter und Petersilie hinzufügen und unterrühren. Den Parmesan unterheben. Mit Pfeffer und Salz abschmecken.

Aus der Lachsmasse mit Hilfe eines Esslöffels Nockerln ausstechen und in der Handinnenfläche formen. Ins kochende Salzwasser geben. 5 Minuten köcheln lassen und dann mit dem Schaumlöffel herausheben. Auf vorgewärmten Tellern verteilen und mit der Soße anrichten. Mit einem Bärlauchblatt verzieren. Risotto dazu reichen.

125 ml Wasser
250 g Zucker
Schale von einer unbehandelten Zitrone
Saft von 3 Zitronen
125 ml Holunderblütensirup (siehe Seite 38)
4 Eiweiß
250 ml Sekt oder Weißwein
Frischer Zitronenthymian

Holunder-blütensorbet

Wasser mit Zucker und Zitronenschale 10 Minuten sprudelnd kochen. Die Schale entfernen. Die Flüssigkeit mit dem Zitronensaft und dem Holunderblütensirup verrühren und 3 Stunden im Tiefkühlfach gefrieren. Pürieren und das steif geschlagene Eiweiß untermischen. 4 Sektgläser zur Hälfte damit füllen und ins Gefrierfach stellen. Den Rest in einen Behälter füllen und ebenfalls gefrieren. Das Sorbet 15 Minuten vor dem Servieren aus dem Tiefkühlfach nehmen und mit abgerebeltem Zitronenthymian bestreuen. Mit kaltem Sekt oder Champagner auffüllen und servieren.

Kalbsfilet mit frischen Morcheln, Nudeln und grünem Spargel

Frische Morcheln gibt es nur ganz kurz im Frühling. Sie sind eine wahre Delikatesse und passen einfach ideal zu grünem Spargel. Im Winter lassen sich Morcheln mit frischen, schwarzen Trüffeln ersetzen, wobei man dann nicht mehr als zwei mittlere Knollen verwendet.

FÜR DIE NUDELN:
14 Eidotter
2 Eier
500 g Mehl
2 EL Olivenöl
Salz
1 walnussgroßes Stück Butter

FÜR DAS KALBSFILET:
8 kleine, 2 cm dicke Kalbsfiletsteaks
3 walnussgroße Stücke Butter
1 Schalotte oder kleine Zwiebel
150–200 g frische Morcheln
1 TL Mehl
2–3 Schuss Noilly Prat
300 ml Sahne
Frisch gemahlener Pfeffer
Salz

FÜR DEN SPARGEL:
500 g grüner Spargel
Salz
Etwas Zucker
50 g Butter

Die Nudeln am besten am Vortag zubereiten oder frische Nudeln kaufen. Allerdings sind selbstgemachte Nudeln im Geschmack nicht zu übertreffen, was auch an der großen Menge Eidotter liegt. Aus dem übrig gebliebenen Eiweiß stellt man gleich köstliche Meringen her (siehe Seite 27). So ist nichts verschwendet.

Alle Nudelzutaten, außer der Butter, zu einem glatten Teig kneten. Eventuell noch etwas Mehl zugeben, falls der Teig zu klebrig ist, oder noch ein Eidotter hinzufügen, falls der Teig zu trocken ist. Die genaue Menge wird immer durch die Größe der Eier bestimmt. Teig dünn ausrollen und in dünne Streifen schneiden. Das funktioniert am einfachsten mit einer kleinen Handnudelmaschine. Die Nudeln zum Trocknen über eine Stange hängen. Vor dem Servieren 1 Minute im sprudelnden Salzwasser kochen, Wasser abgießen und in Butter schwenken.

Die Kalbssteaks waschen, mit einem Küchentuch trockentupfen und in etwas Butter auf beiden Seiten kurz scharf anbraten. Das Fleisch aus der Pfanne nehmen und auf einem Teller beiseite stellen.

Die geschälte, fein geschnittene Schalotte in 2 Stück heißer Butter glasig anschwitzen und die zuvor gut gereinigten, trockengetupften Morcheln dazugeben. Kurz durchrösten, mit dem Mehl bestäuben und sofort mit Noilly Prat ablöschen. Die Sahne hinzugießen und etwas einkochen. Mit Pfeffer und Salz abschmecken, die Steaks zurück in die Sauce (mit dem sich gebildeten Bratensaft) legen und nochmals kurz aufwärmen. Nun das dritte Stück Butter in die Sauce geben.

Die Enden des Spargels abschneiden und den Spargel in gesalzenem und gezuckertem Wasser knackig garen. In Butter schwenken. Die Nudeln in Salzwasser 1 Minute kochen, abseihen und ein Stück Butter dazugeben. Auf vorgewärmten Tellern zusammen anrichten.

FÜR DIE TOPFENNOCKERLN:
50 g zimmerwarme Butter
50 g Puderzucker
3 Eier
500 g Magerquark
Geriebene Schale von 1 unbehandelten Zitrone
150 g Semmelbrösel
1 Pr Salz

FÜR DAS RHABARBERKOMPOTT:
500 g Rhabarber
Saft von 1 Zitrone
1 Zimtstange
½ TL gemahlener Zimt
4 Nelken
1 Msp Nelkenpulver
1 TL Vanillezucker
125 ml Wasser
4 EL Zucker

FÜR DIE MASCARPONEMOUSSE:
4 Eier
200 g Zucker
1 TL Vanillezucker
2 Pr gemahlener Zimt
250 ml Sahne
500 g Mascarpone
Saft von 1 bis 2 Limonen
Geriebene Schale von 2 unbehandelten Limonen

FÜR DIE KROKANTSPLITTER:
250 g Zucker
20 g Butter
150 g gehackte Haselnüsse

Topfennockerln mit Rhabarberkompott und Mascarponemousse

Für das Krokant Zucker und Butter langsam schmelzen. Sobald sich der Zucker leicht bräunt, die Nüsse hinzugeben und rasch umrühren. Die Masse sofort zwischen zwei Lagen Backpapier streichen. Nach dem Erkalten mit dem Nudelholz zerstoßen. Wenn man das Krokant bereits fertig kauft, sollte man es in etwas Butter noch einmal anrösten.

Für die Zubereitung der Nockerln die zimmerwarme Butter mit dem Zucker schaumig schlagen, die Eidotter dazugeben und weiter schlagen, die restlichen Zutaten außer dem Eiweiß dazurühren. Zum Schluss das steif geschlagene Eiweiß unterheben und die Masse 2 Stunden kühl stellen. Mit Hilfe eines Esslöffels Nockerln aus der Masse formen und im leicht köchelnden Salzwasser etwa 6 Minuten ziehen lassen. Mit dem Schaumlöffel aus dem Wasser heben.

Den Rhabarber schälen und in kleine Stücke schneiden. Mit den übrigen Zutaten weichkochen und etwas einkochen lassen.

Für das Mascarponemousse werden die Eidotter mit dem Zucker, Vanillezucker und Zimt schaumig geschlagen. Die Sahne schlagen. Sahne, Mascarpone, Limonensaft und Limonenschale mit der Eimasse gut verrühren. Nun das steif geschlagene Eiweiß unterheben. Kalt stellen.

Aus dem Mascarponemousse mit einem zuvor in heißes Wasser getauchten Löffel Nockerln ausstechen und auf Teller verteilen. Die Topfennockerln dazu setzen und mit den Krokantsplittern bestreuen. Mit dem Rhabarberkompott umgeben.

Käseplatte

Arrangieren Sie eine schöne Auswahl an Weich- und Hartkäse aus verschiedensten Regionen, von Kuh, Ziege und Schaf. Besonderes Highlight ist ein cremiger Ziegenfrischkäse, den Sie mit etwas geschlagener Sahne und Frühlingskräutern verrühren und mit warmem, frisch aufgebackenem Baguette servieren.

Schokoladentrüffel

Für diese Trüffel brauchen Sie etwas Zeit zum Üben, aber die Geduld lohnt sich! Experimentieren Sie ruhig – ob mit Chili, Pfeffer, Ingwer, Rosen oder Kirschwasser: Jeder findet seinen Lieblingsgeschmack. Allerdings besteht hier tatsächlich Suchtgefahr …

300 g gute dunkle Schokolade
(am besten geeignet finde ich Feodora)
180 g zimmerwarme Butter
1 Schuss Cognac (oder anderen Schnaps)
2 Eidotter
2 EL Puderzucker
4 EL dunkles Kakaopulver
1 Msp gemahlener Zimt
Etwas Puderzucker oder dunkles Kakaopulver zum Wälzen

Schokolade und Butter in der Mikrowelle schmelzen, dann alle übrigen Zutaten unterrühren. Die Schokoladenmasse im Kühlschrank einige Stunden kühlen. Anschließend kleine Kugeln formen, auf Zahnstocher aufspießen und nochmals 2 Stunden im Kühlschrank kühlen. Beim Formen der Trüffelkugeln zwischendurch immer wieder die Hände kalt waschen. Nun die Trüffel in dunklem Kakaopulver oder Puderzucker wälzen. Die Zahnstocher entfernen und kühl lagern.

Anstatt die Trüffel in Zucker oder Kakao zu wälzen, kann man sie auch mit heller oder dunkler Schokolade überziehen. Dafür 200 g Schokolade schmelzen und mit 3 Esslöffeln warmen Wassers verrühren.

FÜR DEN BODEN:
250 g zimmerwarme Butter
250 g Mehl
5 Eidotter
160 g Kristallzucker
125 ml Sahne
1 TL Vanillezucker
Etwas gemahlener Zimt
Butter für die Form

FÜR DEN BELAG:
800 g Rhabarber
6 EL Sauerkirschen (Weichseln oder Schattenmorellen) aus dem Glas

FÜR DAS BAISER:
5 Eiweiß
250 g Kristallzucker
100 g Mandelsplitter

Rhabarber-Baiser-Torte

Dies ist meine außergewöhnliche Fruchttorte in der Rhabarberzeit, die ich auch oft als Blechkuchen backe.

Für den Tortenboden werden alle Zutaten gut verrührt. Die Butter sollte dabei sehr weich sein. Die Masse in eine ausgebutterte Tortenform oder auf ein Kuchenblech streichen und gleichmäßig mit der Hand glattdrücken.

Den Rhabarber schälen, in kleine Stücke schneiden und auf dem Teig verteilen. Die Sauerkirschen darauf verteilen und im vorgeheizten Backofen bei 180 °C halb fertig backen. Das dauert ca. 20 Minuten.

Das Eiweiß zu steifem Schnee schlagen, den Zucker einrieseln lassen und weiterschlagen. Die Baisermasse auf der Torte verteilen und die Mandelsplitter darauf verteilen. Im Backofen bei 100 °C fertig backen lassen. Erst nach dem Auskühlen schneiden.

6 Eiweiß
200 g Kristallzucker
120 g Puderzucker

Meringen

Eiweiß steif schlagen. Den ganzen Zucker einrieseln lassen und ständig weiterschlagen. Mit einem großen Löffel längliche Nocken aus der Masse stechen und auf ein mit Backpapier belegtes Backblech geben. Im vorgeheizten Backofen 1 Stunde bei 130 °C trocknen; dann die Temperatur kurz auf 140 °C erhöhen und wieder auf 100 °C reduzieren. Etwa 1 Stunde weitertrocknen lassen. Die Meringen sollten außen trocken und elfenbeinfarbig sein, aber innen noch leicht zäh. Möglichst trocken lagern. Mit geschlagener Sahne oder mit einer anderen Creme, Eis oder Früchten servieren. Oder probieren Sie dazu die Mascarponemousse von S. 24!

OSTERMENÜ

Der Frühling ist auf seinem Höhepunkt und spielt ein wahres Crescendo. Fürs Osterfest ist alles geschmückt. Als Tischdekoration habe ich Katzengras in kleine Nester gesät und Hühnereier hineingelegt. Dazwischen schmücken kleine Gruppen von verschiedensten, alten, schmalen Gläsern mit weißen Tulpen und Federn den Tisch. In der Mitte thront die alte silberne Jardiniere, bepflanzt mit lustigen, übermütigen Bellies.

Bei uns gibt es traditionell am Gründonnerstag Spinat, hartgekochte Eier und Kartoffeln; am Karfreitag stehen nur Brennsuppe mit Rahm, Kümmel und Sauerteigbrot auf dem Tisch. An diesen Tagen setzt sich auch die ganze Familie am Küchentisch zusammen, um hartgekochte Eier zu bemalen. Das Ergebnis sind sehr fantasievolle Ostereier.

Ostern ist dieses Jahr sehr spät und wir staunen über die gewaltig schnelle Entwicklung der Natur. Manchmal wurden wir ja auch plötzlich an Ostern von einem Schneetreiben überrascht, als wenig witziger Aprilscherz. Doch wir haben Glück und am Ostermontag decken wir gemeinsam, heiter und beschwingt den Ostertisch im Freien. Zum Mittagessen ist es bereits warm genug und für uns Genießer beginnt eine wunderbare Zeit. Nach dem Essen strecken wir uns auf den Deckchairs aus. Eine Duftwolke blühenden Bärlauchs streicht um unsere Nasen. Bekommen wir schon wieder Lust aufs Abendessen?

MENÜFOLGE Champignons in Knoblauch | Eier im Kressenest | Seezungen-Lachsröllchen auf Bärlauchspinat | Zitronen-Limonen-Sorbet mit frischem Basilikum | Ofenlammhaxen mit Kartoffelgratin | Salzburger Nockerl mit Erdbeermark | Schokoladenmoussetorte

Champignons in Knoblauch

150–200 g dunkle Champignons
1 Bund Petersilie
1 frische, grüne Knoblauchknolle
2 Schuss Olivenöl
Ein paar Spritzer Vincotto
Frisch gemahlener Pfeffer
Salz

Die geputzten Champignons in eine große, feuerfeste Form geben. Petersilie hacken, Knoblauch von Stiel und äußerster Schale entfernen und ebenfalls hacken. Mit Olivenöl, Vincotto, Pfeffer und etwas Salz verrühren und mit den Champignons vermischen. Im vorgeheizten Backofen bei 200 °C 15–20 Minuten backen. Heiß in Weckgläser füllen. Die Champignons halten sich sehr gut einige Tage in dem Olivenöl. Lauwarm oder kalt zum Aperitif servieren.

Eier im Kressenest

Sieht richtig nach Ostern und Frühling aus und schmeckt auch so!

4 Eier zum Füllen

FÜR DIE MAYONNAISE:
1 Eidotter
Maiskeimöl
1 EL Senf
1 EL Ketchup
1 Msp Zucker
Saft von ½ Zitrone
Frisch gemahlener Pfeffer
Salz
Einige Spritzer Worcestersauce
Einige Spritzer Tabasco
Einige Tropfen Angostura

FÜR DAS KRESSENEST:
4 EL fruchtiges Olivenöl
Einige Spritzer Apfelessig
Einige Spritzer alter Balsamico
Einige Spritzer Vincotto
1 TL Senf
Frisch gemahlener Pfeffer
Salz
½ Knoblauchzehe
2 Handvoll Kresse
Einige Cocktailtomaten
2 Bund Schnittlauch

Vier Eier hartkochen und sofort kalt abschrecken.

Für die Mayonnaise Eidotter schaumig schlagen, dabei tropfenweise Öl dazugeben, bis die Masse fester wird. Mit den übrigen Zutaten abschmecken.

Die hartgekochten Eier schälen und halbieren. Die Eidotter herauslösen und zusammen mit soviel Mayonnaise pürieren, bis eine cremige Konsistenz erreicht ist. In einen Spritzsack füllen und in die Eierhälften spritzen.

Für das Dressing Öl, Essig, Senf, Pfeffer und Salz miteinander verrühren. Die Knoblauchzehe fein hacken und unterrühren. Die Kresse auf 4 Teller verteilen und mit dem Dressing beträufeln. Die gefüllten Eier in die Mitte setzen und einige halbe Cocktailtomaten dazusetzen. Mit kleingeschnittenem Schnittlauch bestreuen und mit einigen langen Schnittlauchhalmen verzieren.

Manchmal püriere ich eine Scheibe Räucherlachs mit dem gekochten Dotter und der Mayonnaise.

Seezungen-Lachsröllchen auf Bärlauchspinat

FÜR DIE SEEZUNGEN-LACHSRÖLLCHEN:
Pro Person ½ Seezungenfilet (längs halbiert)
150–200 g Lachs
2 Eier
250 ml kalte Sahne
Etwas frisch gemahlene Muskatnuss
Pfeffer
Salz
Etwas Butter
200 ml trockener Weißwein

FÜR DIE SAUCE:
1 kleine Zwiebel
2 Knoblauchzehen
¼ Lauchstange
1 kleine Karotte
1 kleines Stück Sellerie
1 walnussgroßes Stück Butter
1 gestrichener TL Mehl
250 ml Champagner
250 ml Sahne
1 TL Tomatenmark
Frisch gemahlener Pfeffer
Salz
2 Pr Zucker

FÜR DEN BÄRLAUCHSPINAT:
300 g Bärlauch
1 Zwiebel
2 Knoblauchzehen
1 EL Olivenöl
Grober Pfeffer
Salz
Etwas frisch gemahlene Muskatnuss

FÜR DIE DEKORATION:
½ Packung frischer Blätterteig
1 Eidotter

Die Seezungenstreifen trockentupfen. Den Lachs in kleine Stücke schneiden und mit den Eiern, der Sahne und den Gewürzen mit dem Pürierstab fein pürieren. 10 Minuten ruhen lassen. Die Lachsmousse gleichmäßig auf die Seezungenfilets streichen und diese einzeln aufrollen (wie eine Meeresschneckenmuschel). Eine feuerfeste Form ausbuttern, die Röllchen hineinsetzen und mit dem Wein aufgießen. Einige Butterflöckchen darauf verteilen. Bei 160 °C im vorgeheizten Backofen ca. 30 Minuten pochieren.

Für die Sauce Zwiebel, Knoblauch und Lauch fein schneiden, Karotte und Sellerie reiben. Zwiebel und Knoblauch in der Butter glasig dünsten, Karotte, Sellerie und Lauch dazugeben und kurz anbraten. Mit dem Mehl bestäuben und sofort mit dem Champagner aufgießen. Sahne und Tomatenmark dazugeben und kurz einkochen lassen. Mit Pfeffer, Salz und Zucker abschmecken.

Für den Bärlauchspinat Bärlauch waschen und grob schneiden, Zwiebel und Knoblauch kleinschneiden, dann im heißen Olivenöl kurz anbraten, den Bärlauch dazugeben und kurz mitdünsten. Mit Pfeffer, Salz und Muskat abschmecken.

Für die Dekoration aus dem Blätterteig mit einer Ausstechform Fische ausstechen, kleine Teigkugeln als Auge formen, auf ein mit Backpapier belegtes Blech legen und mit verquirltem Eidotter bestreichen. Im Backofen goldgelb backen. Dies kann gleichzeitig mit den Fischröllchen gemacht werden.

Den Bärlauch auf vorgewärmte Teller verteilen, die Seezungenröllchen daraufsetzen und mit der Sauce umranden. Einen Blätterteigfisch neben die Seezungenröllchen setzen.

125 ml Wasser
250 g Zucker
Saft von 3 Zitronen
Saft von 3 Limonen
Geriebene Schale von 1 Limone und 1 Zitrone (unbehandelt)
4 Eiweiß
250 ml Sauerrahm
1 Bund frisches Basilikum

Zitronen-Limonen-Sorbet mit frischem Basilikum

Wasser mit Zucker 10 Minuten sprudelnd kochen. Zitronen- und Limonensaft sowie die geriebene Schale unterrühren und 3 Stunden gefrieren. Das Eiweiß steifschlagen. Zusammen mit dem Sauerrahm und dem fein gehackten Basilikum mit dem Schneebesen unter die angefrorene Mischung rühren. In dekorativen Gläsern portionieren und wieder einfrieren. 15 Minuten vor dem Servieren aus dem Gefrierfach nehmen und mit frischen Basilikumblättern verzieren.

FÜR DIE LAMMHAXEN:
1 kg Lammhaxen
Frisch gemahlener Pfeffer
Salz
5 EL Olivenöl
2 Tomaten
2 Zwiebeln
5 Knoblauchzehen
1 Bund Lauchzwiebeln
1 kleines Stück Sellerie
1 Bund Petersilie
1 Handvoll Champignons
1 Handvoll schwarze Oliven
Einige Walnusskerne
2 gehäufte EL Kräuter der Provence
1 Zweig Rosmarin
Mehrere Zweige Thymian
250–500 ml Rotwein

FÜR DAS GRATIN:
1 kg vorwiegend festkochende Kartoffeln
500 ml Milch
150 ml Sahne
250 g geriebener Bergkäse
1 Zweig Rosmarin
Salz
Frisch gemahlener Pfeffer
1 Pr frisch gemahlene Muskatnuss
1 walnussgroßes Stück Butter

Ofenlammhaxen mit Kartoffelgratin

Das Fleisch mit Pfeffer und Salz einreiben und in eine feuerfeste Form mit Deckel, am besten eine gusseiserne, legen und mit dem Olivenöl übergießen.

Das Gemüse putzen, grob hacken und mit den ganzen Oliven sowie zerdrückten Walnusskernen rund um das Fleisch verteilen. Die Kräuter darüberstreuen und mit 250 ml Rotwein aufgießen. Mit dem Deckel zudecken und im vorgeheizten Backofen 3–4 Stunden bei 160 °C braten. Nach etwa 2 Stunden das zweite Viertel Wein aufgießen, falls die Flüssigkeit schon stark eingedampft ist.

Für das Gratin die Kartoffeln schälen und mit dem Gurkenhobel in hauchdünne Scheiben hobeln. Diese in der Milch 5 Minuten unter ständigem Rühren kochen. Mit der Sahne, dem Käse und dem abgezupften Rosmarin vermischen und mit Salz, Pfeffer und Muskat abschmecken. Eine flache, feuerfeste Auflaufform buttern und die Masse einfüllen. Im vorgeheizten Backofen bei 180 °C backen.

Alternativ kann man dazu auch Kartoffeln aus dem Ofen reichen. Die Kartoffeln schälen und im Salzwasser nicht ganz gar kochen. Auf ein Backblech verteilen und im Ofen neben dem Bräter ungefähr 30 Minuten fertig backen. Sie bekommen dadurch eine leicht gebräunte Haut. Mit grobem Meersalz und frischem Rosmarin bestreuen.

FÜR DIE NOCKERLN:
150 g Butter
4 Eier
1 Pr Salz
2 gehäufte EL Zucker
1 TL Vanillezucker
Geriebene Schale von 1 Zitrone
2 EL Mehl
Puderzucker

FÜR DAS ERDBEERMARK:
Erdbeeren
Zucker
Zitronensaft
Grand Marnier

Salzburger Nockerl mit Erdbeermark

Viele trauen sich nicht an Salzburger Nockerln oder Soufflé heran; dabei ist das wirklich keine Hexerei und ein luftigleichter Nachtisch.

Butter in eine feuerfeste Auflaufform geben und im warmen Backofen zergehen lassen. Das Eiweiß zu steifem Schnee schlagen, das Salz sowie 1 Esslöffel Zucker dazugeben und weiterschlagen. Den restlichen Zucker sowie den Vanillezucker mit dem Dotter weiß-schaumig schlagen, die Zitronenschale sowie das Mehl einrühren. 2 Esslöffel Eischnee werden nun vorsichtig in die Masse eingerührt. Den restlichen Schnee mit äußerster Vorsicht unterheben. Die Masse auf der zerlaufenen Butter in 2 großen Nocken auftürmen und im vorgeheizten Backofen bei 200 °C 15 Minuten backen.

Die Erdbeeren pürieren und mit Zucker, Zitronensaft und Grand Marnier abschmecken und in einer Sauciere zu den Nockerln anbieten. Die fertigen Nockerln mit Puderzucker bestreuen und sofort servieren. Vorsicht: Sie sollten keine Zugluft bekommen!

Schokoladen-Moussetorte

Mein Schokoladentortenrezept ohne Mehl ist ein Traum und bei meinen Freunden äußerst begehrt. Das Rezept ist sehr wandlungsfähig, deshalb unbedingt auch einmal eine Variante ausprobieren!

250 g Butter
300 g dunkle Schokolade (z. B. Edelbittersahne)
10 Eier
180 g Zucker
1 Pr Salz
Butter für die Form
Schokoladenraspeln zum Verzieren

Butter und Schokolade vorsichtig in der Mikrowelle schmelzen. Eidotter mit dem Zucker weiß-schaumig schlagen, Butter und Schokolade dazugeben und weiterschlagen. Eiweiß steifschlagen, Salz dazugeben und weiterschlagen. Unter die Schokoladenmasse heben. Eine Tortenspringform gut ausbuttern, die Hälfte der Masse einfüllen und im vorgeheizten Backofen bei 180 °C ca. 30 Minuten backen. Die andere Hälfte in den Kühlschrank stellen und auf den gebackenen, gut abgekühlten Kuchen streichen. Bis zum Servieren kühl stellen und dann mit frisch geriebener Schokolade verzieren.

Schokoladenkirsch-Torte im Sommer

Einige beschwipste Kirschen (s. u.) in die zu backende Masse geben. Die Torte nach dem Auskühlen mit Kirschwasser besprenkeln und die kalte Schokoladenmasse darüberstreichen. 3 Stunden einfrieren. Als Eistorte, verziert mit eingelegten Kirschen, servieren.

Beschwipste Kirschen

Oft bekomme ich in einem ertragreichen Jahr viele Kirschen auf einmal geschenkt und lege sie dann mit dem Stiel in Kirschwasser und etwas Zucker ein. Die Früchte müssen mit dem Alkohol bedeckt sein und in einem Glasgefäß mit Deckel mindestens einen Monat ziehen. Schmeckt übrigens nach dem Essen zu Espresso und Schokoladentrüffeln hervorragend!

Schokoladen-Schnitten zu Weihnachten

Die gesamte Tortenmasse auf ein Kuchenblech streichen und bei 170 °C ca. 10–15 Minuten backen. Mit Puderzucker bestäuben und in kleine Rechtecke schneiden.

Schokoladensoufflé als krönender Abschluss einer Abendeinladung

Die gesamte Masse in eine große oder mehrere kleine, gut ausgebutterte, feuerfeste Formen füllen und mindestens 4, maximal 12 Stunden kühl stellen. Dann im vorgeheizten Backofen bei 180 °C nur solange backen, dass das Soufflé innen noch flüssig ist (Dauer hängt von der Größe der Form ab). Mit Puderzucker bestreuen und sofort servieren.

MAI Die Schwalben sind da! Außerdem habe ich heute die ersten blühenden Klatschblumen und Lichtnelken entdeckt. Als Kinder nannten wir sie „Kuckucksblumen“, weil sie dann anfangen zu blühen, wenn der Kuckuck durch Wald und Wiesen ruft. Wir hofften immer darauf, den Kuckuck zu hören, weil das Glück bedeutet.

Im Garten stehen gerade ganze Wälder von Akeleien – in allen violettroten, rosa- und lilafarbenen Tönen bis hin zu weiß. Rhododendren und Azaleen entzünden ein wahres Buschfeuer; Schneeball, den ich so sehr liebe, und Weigelie ergänzen sich harmonisch und stehen alle in voller Blüte. Ich bin ganz glücklich, dass meine Hortensienspitzen dieses Jahr nicht erfroren sind und Hunderte von Blüten angesetzt haben. An der Westseite des Hauses ist leider der wilde Wein eingegangen, ich werde aber entschädigt durch die verschiedensten Sorten von Clematis, die sich üppig blühend ihren Platz schon fast bis zum Giebel erobert haben. Mein Favorit ist die weiße Montana.

Ende Mai öffnen sich dann schon die ersten Rosen und Wildrosen, die sich in meine Bäume hinaufranken. Mit ihnen blühen Pfingstrosen, Baumpaeonien, Holunder und noch vieles mehr. Die Natur ist überwältigend und belohnt die Gartenarbeit der letzten Jahre mit einem Blütenmeer. Im Garten wächst nun alles zu und wir sitzen gemütlich unter einem dichten Blätterdach. Dringend sollte ich mit meiner fast täglichen Formschnittroutine beginnen. Meine Gartenarbeit wird zum Sport …

Ein Naturgarten oder ein Cottagegarten sieht für einen Laien fast verwildert aus, ist jedoch mehr Arbeit als ein akkurat aussehender Garten ohne „Unkraut“. Die Kunst besteht darin, dem Betrachter den Eindruck zu verschaffen, als seien alle Pflanzen zufällig so gewachsen und fügten sich einfach zu einem Ganzen zusammen. Den Pflanzen soll genug Spielraum gegeben werden, um sich entfalten zu können und sich natürlich auszusäen, aber ich greife mit lenkender Hand dort ein, wo das harmonische Gleichgewicht durch besonders wüchsige Pflanzen oder Sämlinge, die wirklich nicht ins Konzept passen, gestört wird.

In meinem Garten zu wandeln, soll dem Besucher etwas von der Unendlichkeit vermitteln. Er soll das Gefühl haben, in einem geheimnisvollen Zaubergarten zu sein, verzaubert zu werden und immer wieder neue, versteckte Wege und Blumenzimmer zu betreten. Diese Illusion kann durch das Anlegen von kleinen „Inseln“ geschehen, die hinter jeder Biegung eine kleine Überraschung bieten. Mein Garten ist eine Kulisse für jahreszeitlich wechselnde Inszenierungen und wandelt sich vom bunten Frühlingsgarten zum blühenden Rosenparadies und Sommergarten. Es ist mir wichtig, dass Haus und Garten in der Gestaltung harmonisch ineinander übergehen. Dies entsteht nicht von heute auf morgen, sondern braucht seine Zeit und ist ständig am Wachsen und im Wandel. Kapuzinerkresse wuchert in alten Zinkeimern, Margeriten in morschen Holzkisten und der alte, ausrangierte Liegestuhl wird von Duftwicken überwachsen; aus jedem Blickwinkel offenbaren sich immer neue Stillleben. Mein Garten ist nie fertig und wandelt sich stetig.

MAI

Waldmeister
Weißwein
Zitronensaft
Zucker
Sekt

Waldmeister kurz vor der Blüte pflücken. Über Nacht welken lassen, dann erst fängt er an zu duften. Anschließend mit Weißwein, etwas Zitronensaft und Zucker ansetzen, vor dem Servieren mit eiskaltem Sekt aufgießen.

Maibowle

Ganze Teppiche von Waldmeister blühen derzeit im Wald und unsere Freunde freuen sich schon mit uns auf die erste Maibowle.

40–50 Holunderblütendolden
5 l Wasser
Saft von 4 Zitronen
2 kg Zucker
70 g Ascorbinsäure

Holunderblütensirup

In fast jedem alten Garten steht ein betörend duftender Holunderbusch oder meist schon ein Baum, der mit seinen positiven Kräften Glück in jedes Haus bringen soll. Er ist auch ein bewährtes Hausmittel gegen Grippe. Holunder blüht bei uns meist Mitte Mai. Ich sammle die Blüten von mehreren Bäumen und vermeide somit, dass ein Baum komplett leergepflückt wird. So bleiben im Herbst noch jede Menge Beeren für die Vögel übrig. Nach meinem frühsommerlichen Erntespaziergang sehe ich aus wie aus dem Sterntalermärchen mit unzähligen, kleinen, cremefarbenen Sternchen im Haar. Anstatt des Hemdchens trage ich allerdings einen großen Korb voll duftender Zutaten.

Holunderblüten abrebeln. In Wasser und Zitronensaft, am besten zugedeckt im Kühlschrank, mindestens 2 Tage ziehen lassen. Dann durch ein feines Sieb abseihen. 1 Liter der Flüssigkeit mit dem Zucker 10 Minuten kochen lassen, dann die restliche Flüssigkeit und die Ascorbinsäure dazugeben und sofort in sterile Flaschen abfüllen. Kühl, trocken und nicht zu lange lagern.

MUTTERTAGSMENÜ

Muttertag naht, und ich freue mich, die Familie beisammen zu haben. Es ist ein herrlicher Maitag und wir genießen das Essen im Freien an einem liebevoll hergerichteten Tisch.

MENÜFOLGE Spargel-Miniquiches | Knoblauch-Kressesuppe | Knuspriger Saibling mit Tomaten und frischen Erbsen | Erdbeersorbet mit Minze | Hühnerschenkel mit Zitronenmelisse und Rosmarin-Kartoffel-Sellerie-Püree | Topfen-Mohn-Knödel mit Erdbeereis oder Gratin von Rhabarber und Erdbeeren | Erdbeertopfentorte

Spargel-Mini-Quiches

1 Pck frischer Blätterteig
200 g grüner Spargel
1–2 Eier
125 ml Sahne
150 g geriebener Käse
2 Scheiben Kochschinken
1 kleiner Bund glatte Petersilie
Frisch gemahlene Muskatnuss
Frisch gemahlener Pfeffer
Salz

Aus dem Blätterteig kleine Minipizzen formen und auf ein mit Backpapier belegtes Backblech legen. Vom Spargel großzügig die Enden abschneiden, in kleine Scheiben schneiden und auf den Teigstücken gleichmäßig verteilen. Das Ei mit der Sahne, dem Käse, dem sehr fein geschnittenen Schinken und der gehackten Petersilie verrühren. Mit Muskat, Pfeffer und Salz abschmecken und auf dem Spargel verteilen. Im vorgeheizten Backofen bei 180 °C ca. 20 Minuten backen und noch heiß zum Aperitif servieren.

Gerne serviere ich die Quiche auch als Tortenstück auf einem Vorspeisenteller zusammen mit grünem Spargelsalat und einer Käsepraline aus frischem Ziegenkäse, gerollt in gehackten Kräutern oder Sesam. Dafür braucht man jedoch 500 g Spargel, 5 Eier, 250 ml Sahne und 200 g Käse. Eine gut gebutterte Quicheform mit dem Blätterteig auskleiden. Zubereitung wie bei den Miniquiches. Die Backzeit verlängert sich etwas.

Knoblauch-Kressesuppe

FÜR DIE SUPPE:
3 Knollen frischer grüner Knoblauch
4 Lauchzwiebeln
1 walnussgroßes Stück Butter
250 ml Wasser
1 Kartoffel (mehligkochend)
3 Pck frische Kresse
500 ml Sahne
1 Pr frisch gemahlene Muskatnuss
Frisch gemahlener Pfeffer
Salz

FÜR DEN TOAST:
1 frisches Baguette
3 EL Olivenöl
1 Knoblauchzehe

Vom Knoblauch den Stiel und die äußerste Haut entfernen, Lauchzwiebeln putzen und beides kleinschneiden. In der Butter kurz anbraten und mit dem Wasser aufgießen. Die Kartoffel schälen, vierteln und mitkochen, bis sie weich ist. Die Kresse und die Sahne zufügen. Fein pürieren. Mit Muskat, Pfeffer und Salz abschmecken. Zum Servieren mit etwas Kresse dekorieren.

Für den Knoblauchtoast die Knoblauchzehe schälen, zerdrücken und mit dem Olivenöl verrühren. Das Baguette der Länge nach halbieren, mit dem Knoblauch-Olivenöl einstreichen und kurz unter dem Grill rösten. In Stücke schneiden und servieren.

Knuspriger Saibling mit Tomaten und frischen Erbsen

3 aromatische Tomaten
1 Zwiebel
2 walnussgroße Stücke Butter
Frisch gemahlener Pfeffer
Salz
Zucker
600–800 g frische Erbsen in der Schale
4 Saiblingsfilets (mit Haut auf einer Seite)
1 Knolle frischer grüner Knoblauch
3 EL Olivenöl
1 Bund Basilikum

Die Tomaten mit kochendem Wasser überbrühen, häuten und in Würfel schneiden. Die Zwiebel schälen, würfeln und in einem Stückchen Butter kurz anbraten. Die Tomatenwürfel dazugeben, kurz dünsten und mit Pfeffer, Salz und etwas Zucker abschmecken.

Erbsen auslösen und in wenig Salzwasser gar kochen, Wasser abseihen und ein Stück Butter unter die Erbsen mischen. Mit Pfeffer und Salz abschmecken. Warm halten.

Fisch mit einem Küchentuch trocken tupfen. Vom Knoblauch Stiel und äußere Haut entfernen. Den Knoblauch in Stücke schneiden. Das Olivenöl erhitzen, die Knoblauchstücke dazugeben und sofort den Fisch mit der Hautseite zuerst knusprig braten, dann wenden und fertig braten. Pfeffern, salzen und mit der Haut nach oben und dem krossen Knoblauch auf den Tomaten anrichten. Die Erbsen rundherum anordnen und gehacktes Basilikum darüberstreuen.

- 125 ml Wasser
- 250 g Zucker
- Geriebene Schale von 1 unbehandelten Zitrone
- 500 g Erdbeeren
- Saft von 1 Zitrone
- 4 Eiweiß
- 1 Zweig frische Minze

Erdbeer-sorbet mit Minze

Wasser mit Zucker und Zitronenschale 10 Minuten sprudelnd kochen. Erdbeeren pürieren, Zitronensaft und Erdbeerpüree in den Sirup rühren und mindestens 3 Stunden ins Tiefkühlfach stellen. Eiweiß zu steifem Schnee schlagen und mit einigen gehackten Minzeblättern mit dem Schneebesen gleichmäßig unter die Masse rühren. Schöne, kleine Gläser halb füllen und nochmals gefrieren. 15 Minuten vor dem Servieren aus dem Tiefkühlfach nehmen und mit Sekt oder Champagner aufgießen.

Hühnerschenkel mit Zitronenmelisse und Rosmarin-Kartoffel-Sellerie-Püree

FÜR DIE HÜHNERSCHENKEL:
2 Zwiebeln
1 Knolle frischer grüner Knoblauch
2 walnussgroße Stücke Butter
4 Hühnerschenkel
½ Flasche trockener Weißwein
250 ml Sahne
Geriebene Schale von ½ unbehandelten Zitrone
Einige Zweige frische Zitronenmelisse
1 Zweig frischer Rosmarin
Frisch gemahlener Pfeffer
Salz

FÜR DAS PÜREE:
8 mittlere, mehligkochende Kartoffeln
½ Sellerieknolle
1 walnussgroßes Stück Butter
250 ml Sahne
Etwas warme Milch
Frisch gemahlene Muskatnuss
Frisch gemahlener Pfeffer
Salz
1 kleiner Schuss Trüffelöl

Die Zwiebeln schälen und klein schneiden, vom Knoblauch Stiel und äußerste Haut entfernen und ebenfalls klein schneiden. Beides in einem weiten Topf in der Butter glasig anschwitzen. Die Hühnerschenkel darin auf beiden Seiten anbraten und mit dem Wein und der Sahne aufgießen. Zitronenschale dazugeben und ohne Deckel mindestens 40–60 Minuten köcheln lassen. Die Hühnerschenkel sollten mit der Sauce bedeckt sein. Zitronenmelisse und Rosmarin abrebeln, dazugeben und mit Pfeffer und Salz abschmecken. Die Haut von den Hühnerschenkeln entfernen.

Für das Püree Kartoffeln und Sellerie schälen, in mittelgroße Stücke schneiden und in Salzwasser weich kochen. Fast das ganze Wasser abgießen, Butter und Sahne dazugeben und mit dem Kartoffelstampfer zerstampfen. Währenddessen etwas Milch zugießen. Die Konsistenz sollte luftig und locker, aber nicht zu dünn sein. Mit etwas Muskat, Pfeffer und Salz abschmecken und zum Schluss das Trüffelöl einrühren.

Topfen-Mohn-Knöderl mit Erdbeereis

FÜR DIE KNÖDERL:
80 g zimmerwarme Butter
4 Eier
600 g Magerquark
120 g Semmelbrösel

FÜR DIE FÜLLE:
100 ml Milch
1 Schuss Rum
Etwas Zimt
Geriebene Schale von 1 unbehandelten Zitrone
100 g gemahlene Walnüsse
120 g gemahlener Mohn
30 g Zucker
1 TL Vanillezucker
1 EL Honig

ZUM WÄLZEN:
80 g gemahlener Mohn
1 EL Puderzucker

FÜR DIE SAUCE:
250 g Sauerrahm
Etwas Zitronensaft
Puderzucker

FÜR DAS ERDBEERMARK:
250 g Erdbeeren
1 EL Zucker
Zitronensaft

FÜR DAS ERDBEEREIS:
500 g Erdbeeren
500 ml Sahne
Zucker

Für den Knödelteig Butter und Eidotter schaumig schlagen. Quark und Semmelbrösel dazugeben. Eiweiß zu festem Schnee schlagen, unterheben und die Masse im Kühlschrank 30 Minuten ruhen lassen.

Für die Fülle die Milch mit dem Rum, Zimt und Zitronenschale aufkochen. Nüsse, Mohn, Zucker, Vanillezucker und Honig unterrühren. Gut verrühren und quellen lassen.

Mit gut bemehlten Händen aus dem Teig kleine Knödel formen und diese mit der Mohnfülle füllen. Die Nahtstellen gut verschließen. Die Knödel 4 Minuten in leicht kochendem Wasser ziehen lassen. Mit dem Schaumlöffel herausheben, Mohn mit dem Puderzucker vermischen und die Knödel darin wälzen.

Sauerrahm mit Zitronensaft verrühren und mit Puderzucker abschmecken. Um die Knödel herum anrichten.

Die Erdbeeren pürieren, mit Zucker und Zitronensaft abschmecken. Über den Sauerrahm träufeln und mit einer Gabel zu einem hübschen Muster verziehen.

Das Erdbeereis bereitet man am besten in der Eismaschine zu. Die Erdbeeren pürieren, die Sahne steif schlagen. Das Erdbeerpüree einrühren und mit Zucker abschmecken. In die Eismaschine oder in eine Form füllen und gefrieren. Mindestens 15 Minuten vor dem Servieren aus dem Gefrierfach nehmen.

300 g Rhabarber
1 TL gemahlener Zimt
1 TL Vanillezucker
50 g Zucker
1 Msp gemahlene Nelken
Saft von 1 Zitrone
1 walnussgroßes Stück Butter
300 g Erdbeeren
2 Eier
2 EL Zucker
150 g Magerquark
Etwas Orangenlikör

Gratin von Rhabarber und Erdbeeren

Alternativ dazu hier ein einfacher, schneller Nachtisch, der köstlich schmeckt.

Rhabarber putzen, in kleine Stücke schneiden und mit Zimt, Vanillezucker, Zucker, Nelken und Zitronensaft weich kochen. Eine Gratinform oder 4 mittelgroße Förmchen gut ausbuttern, die Erdbeeren halbieren, Erdbeeren und Rhabarberkompott einfüllen.

Eidotter mit dem Zucker weiß-schaumig schlagen, Quark einrühren und mit Orangenlikör parfümieren. Eiweiß zu festem Schnee schlagen, unterheben und diese Masse auf den Früchten verteilen. Im vorgeheizten Backofen unter dem Grill 10 Minuten gratinieren.

FÜR DEN BODEN:
140 g Zucker
5 Eier
Geriebene Schale von 1 unbehandelten Zitrone
100 g Mehl
30 g zerlassene Butter
Butter für die Form

FÜR DEN BELAG:
500 ml Sahne
750 g Magerquark
Saft von 1 Zitrone
Zucker
250 g Erdbeeren oder Himbeeren

Erdbeer-Topfentorte

Für den Biskuitboden den Zucker mit dem Dotter und der Zitronenschale weiß-schaumig schlagen, das Mehl und die zerlassene Butter einrühren. Eiweiß zu Schnee schlagen und unterheben. Die Masse in eine gut ausgebutterte Springform geben und im vorgeheizten Backofen bei 200 °C ca. 10 Minuten backen. In der Form abkühlen lassen.

Die Sahne steif schlagen, mit dem Quark und dem Zitronensaft verrühren und mit Zucker nach Belieben süßen. Die Creme auf dem Biskuitboden verteilen und die Torte in der Springform mindestens 3 Stunden kalt stellen. Mit den Beeren belegen und dann vorsichtig den Tortenring entfernen. Kühl servieren.

BISKUITROULADE

Die Masse für den Tortenboden kann man auch als Biskuitroulade backen. Dafür den Teig auf ein mit Backpapier belegtes Blech streichen und kurz backen. Sofort nach dem Backen einrollen und so auskühlen lassen. Beliebig füllen, wieder einrollen und mit Puderzucker bestäuben.

Pfingstrosen
Duftwicken
Rosen
Storchenschnabel
Stockrosen
Malven
Rittersporn
Sonnenblumen
Goldraute
Fingerhut
Zitronenthymian
Minze
Rosmarin
Nachtkerze
Königslilie
Basilikum
Duftpelargonie
Tuberrose

Sommer

JUNI *Es ist schwül und der Monat der Gewitter ist gekommen. Wir brauchen dringend Regen, besonders die Bauern ohne Bewässerungsanlagen klagen und leiden darunter. Das Flair des Sommers, der Duft, die Geräusche, der Anblick, das Gefühl sind köstlich und betörend. Aber dieses Jahreszeitenwunder im Garten in Zaum zu halten, erfordert viel Kraft und harte Arbeit; und trotzdem – oder vielleicht gerade deshalb – lieben wir Gärtner unseren Sommergarten.*

Mein Mann und ich fahren mit unseren Rädern durch blühende Mohn- und Rapsfelder zum Schwimmen im See und es kommt uns vor, als führe unsere Tour mitten durch ein impressionistisches Gemälde. Die Luft duftet nach Erdbeermarmelade von den reifen Beeren in den Feldern, die Grillen zirpen und das Licht ist fantastisch – und auch richtig dramatisch, als sich auf dem Heimweg über uns ein Gewitter zusammenbraut. Gerade noch rechtzeitig kommen wir daheim an und machen es uns mit Tee und einem guten Buch in unserem Gartenhaus gemütlich. Bei offenen Türen genießen wir geradezu den Regen, wie er auf das Dach prasselt und der ganz gewisse Sommerregenduft sich verbreitet. Bald schon verzieht sich das Gewitter und die Sonne gewinnt wieder Oberhand.

Ich mag diese feuchte reine Luft nach einem Gewitter und der Garten sieht danach wie frisch gewaschen aus. Die Rosen und die letzten Pfingstrosenblätter liegen zwar wie ein Blumenteppich auf dem Rasen, aber sie werden sich schnell wieder erholen … Die Vögel plantschen und flattern mit ihren Flügeln im frisch gefüllten Vogelbad und in den Pfützen. Tief atme ich den Geruch des Regens auf dem von der Sonne aufwärmten Boden ein. Als Kinder haben wir dann immer im Badeanzug im Garten gestanden und uns vom prasselnden Sommerregen abduschen lassen. Ich muss gestehen, dass ich dies immer noch gerne mache …

Die Rosen haben meinen Garten erobert und zusammen mit Lavendel, Jasmin und Holunder werden wir von wahren Duftwolken umhüllt. Clematis leuchten wie weiße Sterne zwischen den rankenden Rosen, Sitzplätze und Rosenbögen sehen richtig verwunschen aus mit ihrem Mantel aus Ramblerrosen. Die weiße Wildrose hat den alten Jasminbaum eingehüllt und eifert mit ihren Blütenbüscheln mit den schwer duftenden Jasminblüten um die Wette. Zarte Farbakzente setzen der weiße und hellrosa Fingerhut, die sich an den überraschendsten Stellen im Garten ausgesät haben. Rittersporn, den ich wegen der Schnecken in alte Zinkwannen gepflanzt habe, leuchtet tiefblau. Täglich sehe ich in meinem Garten etwas Neues, täglich verändert er sich und ich könnte diese Märchenszenerie stundenlang genießen und sie in meinem Herzen als Erinnerung bewahren.

JUNI

EINLADUNG ZUM TEE IM SOMMERLICHEN ROSENGARTEN

An manchen Tagen fühlt sich einfach alles gut an. Nichts kann die gute Laune trüben und mein Glücksgefühl muss sofort gefeiert werden. Ich greife zur Füllfeder und lade meine besten Freundinnen zum Tee ein. Wie freue ich mich darauf, mit ihnen zusammen die üppige Rosenblüte gemeinsam zu genießen! Eine Teeinladung im sommerlichen Rosengarten ist etwas Herrliches. Gerne verwöhne ich meine Freundinnen mit selbstgebackenen Leckereien, Früchten der Saison und dekoriere mit gerade blühenden Blumen. Diesmal kleiden sich alle in hellem Beige und Weiß und tragen rosendekorierte Hüte. Fast wie in einem englischen Film …

Ich habe Glück und das Wetter spielt mit. Die alten, schon etwas mitgenommenen Biertische baue ich neben dem weißblühenden Hartriegel und dem großen Rosenbogen auf und verkleide sie mit schneeweißen Tafeltüchern. Die weißen, regenempfindlichen Korbstühle, die früher in Kapstadt in unserem Patio standen und jetzt im dunklen Keller auf besondere Anlässe warten müssen, passen perfekt. Darauf sehen die Kissen mit den Rosenmotiven besonders hübsch aus. Da ich nicht das Herz habe, Unmengen von Rosen in meinem Garten abzuschneiden, besorge ich dicke Bündel von Freilandrosen und arrangiere sie mit Frauenmantel, Kräutern und Mädesüß in verschiedenen Silberkrügen und anderen silbernen Gefäßen. Dazwischen flechte ich Efeuranken und feinen rosa Organza und streue Rosenblütenblätter darüber. Gedeckt wird mit dem Porzellan von Großmutter, das eine filigrane Rosenmalerei ziert. Nun fehlen noch die weißen Leinenservietten.

Am Eingangstor heißt ein Kranz aus Rosen die Gäste willkommen. Die Torten, die ich alle mit den verschiedensten Rosen verziert habe, stelle ich auf die Tafel. Rasch hole ich noch den Sekt für die schon angesetzte Rosenbowle aus dem Kühlschrank.

Abends in eine wunderbare, kuschelige Mohairdecke und einen Quilt eingewickelt (von meiner Freundin Jane aus Südafrika, die mich immer an Weihnachten mit den schönsten Decken beschenkt, damit ich im hohen Norden nur ja nicht friere), sitzen mein Mann und ich in unseren Deckchairs. In der großen Feuerschale prasseln trockene Äste und hüllen uns in eine wohlige Atmosphäre. Ich lasse das gelungene Rosenfest noch einmal Revue passieren und staune über die wundervoll duftenden Rosen, die sogar in der Nacht in jedem Baum weiß leuchten. Mein Mann ist ebenfalls zufrieden – mit einem Stück Torte vom Damentee …

MARILLEN-MANDELTORTE

Butter für die Form
1 Pck frischen Blätterteig
200 g gemahlene Mandeln
3 Eier
250 ml Sahne
100 g Zucker
½ TL Vanillezucker
Einige Tropfen Bittermandelöl
600 g Aprikosen (oder Kirschen, Zwetschgen, Mirabellen)
50 g Mandelsplitter
Puderzucker zum Verzieren

Eine Quicheform gut ausbuttern und mit dem Blätterteig bis an den oberen Rand auskleiden. Alle Zutaten außer den Früchten und den Mandelsplittern gut miteinander verrühren und auf dem Blätterteig verteilen. Die entsteinten, halbierten Früchte darauf verteilen, Mandelsplitter darüberstreuen und im vorgeheizten Backofen bei 180 °C ca. 30–40 Minuten backen. Mit Puderzucker bestreuen und servieren.

Himbeer-Baiser-Torte

FÜR DEN MÜRBETEIG:
150 g Mehl
½ TL Backpulver
300 g Zucker
1 TL Vanillezucker
5 Eidotter
100 g zimmerwarme Butter
1 Pr Salz
Butter für die Form

FÜR DAS BAISER:
5 Eiweiß
200 g Kristallzucker
1 Pr Salz
100 g Mandelplättchen

FÜR DIE FÜLLE:
500 ml Sahne
2 Pck Sahnesteif
400 g Himbeeren (oder Walderdbeeren, kleine Erdbeeren)
Zucker

Puderzucker zum Bestäuben

Dieses Tortenrezept habe ich von meiner Freundin Ulla. Die Torte zergeht himmlisch auf der Zunge und man kann einfach nicht mehr aufhören zu essen.

Alle Zutaten für den Mürbeteig zusammenkneten, den Teig in 2 gleiche Teile teilen und jeweils den Boden einer gut ausgebutterten Springformen damit bedecken.

Eiweiß mit 1 Prise Salz zu festem Schnee schlagen, Zucker einrieseln lassen und weiterschlagen. Die Masse auf den Tortenböden zu gleichen Teilen verteilen und jeweils 50 Gramm Mandelplättchen darüberstreuen. Bei 170 °C im vorgeheizten Backofen ca. 20–30 Minuten backen.

Inzwischen Sahne mit Sahnesteif schlagen, mit den Beeren vermischen und mit Zucker nach Belieben süßen.

Die ausgekühlten Tortenböden vorsichtig aus den Formen lösen und die Fülle auf einem Boden verteilen. Vorsichtig den zweiten Boden mit dem Baiser nach innen aufsetzen. Mit Puderzucker oder Beeren verzieren und sofort servieren.

8 Eier
250 g Zucker
2 Pr Zimt
1 TL Vanillezucker
8 Tr Bittermandelöl
300 g geschälte gemahlene Mandeln
1 Pr Salz
Butter für die Form
Puderzucker zum Bestäuben

Mandeltorte à la Sylvia

Dies ist bisher mein Geheimrezept gewesen, das ich Ihnen aber gern preisgebe. Die Torte schmeckt am besten, wenn sie ein paar Tage durchgezogen hat, und hält sich wunderbar für mindestens zwei Wochen.

Die Eidotter mit Zucker, Zimt, Vanillezucker und Bittermandelöl weiß-schaumig schlagen und mit den Mandeln verrühren. Eiweiß mit dem Salz zu steifem Schnee schlagen und vorsichtig in die Mandelmasse einrühren. In eine gut ausgebutterte Tortenform füllen und im vorgeheizten Backofen bei 170 °C ca. 30–40 Minuten backen. Auskühlen lassen, stürzen und dick mit Puderzucker bestäuben.

Mandeltorte mit Zitronat

Für meinen Rosentee habe ich dem rohen Teig noch 150 Gramm Zitronat beigefügt und die Torte nach dem Backen mit Marzipan überzogen. Diese Marzipandecke bekam dann noch eine weiße Zitronenzuckerglasur. Dafür Zitronensaft und etwas Rosenwasser mit Puderzucker zu einer glatten Glasur verrühren, eventuell frische Rosenblätter unterrühren. Auf die Marzipandecke aufstreichen.

Mandeltorte mit Holundersirup

Die Mandeltorte nach dem Auskühlen horizontal in zwei Hälften teilen. Die untere Hälfte mit Sirup beträufeln. Sahne steif schlagen, mit Zucker, Vanillezucker und Sirup abschmecken und die untere Hälfte damit bestreichen, etwas zurückbehalten. Die obere Hälfte aufsetzen und den Rest der Sahne darauf verteilen. Mit Holunderblüten verzieren und kühl servieren.

Schokoladen-Kaffee-Torte

Diese Torte heißt bei uns „die beste Torte der Welt". Es ist ein köstliches Rezept von meiner Mutter.

FÜR DEN BODEN:
6 Eier
100 g Zucker
100 g geriebene, dunkle Schokolade
100 g gemahlene Haselnüsse
100 g gehackte Walnüsse oder Mandeln
1 Pr Salz
Butter für die Form

FÜR DIE FÜLLE:
2 Eidotter
6 EL starker, kalter Mocca
2 EL Madeirawein
100 g dunkle Schokolade
100 g zimmerwarme Butter
250 ml Sahne

FÜR DIE VERZIERUNG:
Marzipandecke
100 g Schokolade
1 walnussgroßes Stückchen Butter
2 EL Sahne
Kaffeebohnen

Für den Boden die Eidotter mit dem Zucker weißschaumig schlagen und die geriebene Schokolade sowie die Nüsse dazugeben. Eiweiß mit dem Salz zu steifem Schnee schlagen, unterziehen und die Masse in eine gut ausgebutterte Tortenform füllen. Im vorgeheizten Backofen bei 180 °C ca. 30–40 Minuten backen. Auskühlen lassen, stürzen und in der Mitte horizontal durchschneiden.

Für die Fülle die Eidotter mit dem Mocca und dem Madeirawein schaumig schlagen. Schokolade schmelzen und mit der Butter schaumig rühren. Auskühlen lassen. Mit der Weincreme verrühren. Sahne schlagen und unterrühren, Creme anschließend kalt stellen, sodass sie fest wird. Die untere Tortenhälfte damit bestreichen, die zweite Tortenhälfte daraufsetzen.

Die Torte mit der Marzipandecke umhüllen. Schokolade und Butter schmelzen, mit der Sahne glatt rühren und auf der Marzipandecke verstreichen. Mit Kaffeebohnen verzieren.

Die Eidotter mit dem Zucker und der Butter schaumig rühren, die Schokolade schmelzen und unterrühren, Nüsse und Rum dazugeben. Eiweiß mit dem Salz zu steifem Schnee schlagen, unterheben und die Masse in eine gut ausgebutterte Tortenform füllen. Bei 180 °C ca. 30–40 Minuten backen. Auskühlen lassen.

Für die Creme Schokolade und Butter schmelzen, schaumig rühren und die geschlagene Sahne unterrühren. Die Torte damit überziehen.

FÜR DIE TORTE:
6 Eier
200 g Zucker
200 g zimmerwarme Butter
100 g dunkle Schokolade
200 g gemahlene Mandeln (oder Walnüsse, Haselnüsse)
1 Schuss Rum
1 Pr Salz
Butter für die Form

FÜR DIE CREME:
200 g dunkle Schokolade
80 g Butter
250 ml Sahne

Haustorte nach altem Familienrezept

Brombeer-Torte

FÜR DEN MÜRBETEIG:
150 g zimmerwarme Butter
150 g Zucker
2 Eidotter
200 g gemahlene Mandeln
150 g Mehl
1 Pr Salz
Butter für die Form

FÜR DEN BELAG:
250 g Brombeeren

FÜR DAS BAISER:
2 Eiweiß
140 g Puderzucker

Die aromatischen, selbstgepflückten Waldbrombeeren sind viel zu köstlich, um sie alle zu Marmelade zu verarbeiten. Sie verfeinern heute meine Mandeltorte.

Butter, Zucker, Eidotter, Mandeln, Mehl und Salz zu einem glatten Mürbeteig kneten und in eine gut ausgebutterte Tortenform drücken. Im vorgeheizten Backofen bei 180 °C ca. 30–40 Minuten backen. Die Beeren auf dem noch heißen Kuchen verteilen.

Eiweiß steif schlagen und den Zucker unter ständigem Schlagen einrieseln lassen. Die Baisermasse auf den Beeren verteilen und im Backofen leicht bräunen lassen.

Kirsch-Schmarren

8 Eier
1 TL Vanillezucker
Geriebene Schale von ½ unbehandelten Zitrone
1 Schuss Rum
7 EL Zucker
2 EL Sauerrahm
2 EL Sahne
350 g Mehl
1 Pr Salz
500 g Kirschen
150 g Butter für das Backblech
Puderzucker zum Bestäuben

Eidotter mit Vanillezucker, Zitronenschale, Rum und 4 Esslöffel Zucker schaumig schlagen. Sauerrahm und Sahne unterschlagen. Mehl unterrühren. Eiweiß mit dem Salz zu festem Schnee schlagen, den restlichen Zucker einrieseln lassen und den Eischnee in die Dottermasse einrühren. Die Kirschen entsteinen, dazugeben. Butter auf das Blech legen und im warmen Ofen zerlaufen lassen. Teig auf das Backblech geben und im vorgeheizten Backofen bei 180 °C ca. 20–30 Minuten backen. Mit zwei Gabeln in Stücke reißen und mit Puderzucker bestäuben. Mit Kirschkompott servieren.

Anstatt im Ofen kann die Masse auch in der heißen Butter in der Pfanne ausgebacken werden. Der Schmarren ist dann aber nicht so locker wie aus dem Ofen.

BRANDTEIG-KRAPFERL MIT KIRSCHFÜLLE

FÜR DIE KRAPFERL:
125 ml Wasser
120 g Butter
1 Pr Salz
120 g Mehl
4 Eier

FÜR DIE FÜLLE:
Frische Kirsch- oder Sauerkirschmarmelade
250 ml Sahne
Zucker

FÜR DIE GLASUR:
1 TL Wodka
2 EL Kirschsaft
Puderzucker

Wasser mit Butter und Salz zum Kochen bringen, Mehl einrühren und kurz „brennen", d. h. mit dem Kochlöffel rühren, bis sich der Teig vom Rand des Kochtopfes löst. Von der Herdplatte nehmen und die Eier nacheinander kräftig unterrühren, bis sich ein homogener Teig bildet. Diesen Teig in einen Spritzbeutel füllen und auf ein mit Backpapier belegtes Kuchenblech kleine Krapfen spritzen. Im vorgeheizten Backofen bei 200 °C ca. 15 Minuten backen. Dann die Hitze stark drosseln und die Krapfen 5–10 Minuten trocknen. Abkühlen, durchschneiden und mit je mit einem Teelöffel Kirschmarmelade und gezuckerter, geschlagener Sahne füllen. Wodka und Kirschsaft mit soviel Puderzucker verrühren, bis eine glatte Glasur entsteht. Die Krapfen glasieren.

TOPFENAUFLAUF MIT FRÜCHTEN

6 Eier
150 g Zucker
1 TL Vanillezucker
Geriebene Schale von 1 unbehandelten Zitrone
1 Pr Salz
250 ml Sahne
750 g Magerquark
Etwas Butter für die Form
300 g Marillen (Aprikosen)
Puderzucker zum Bestäuben

Eidotter mit Zucker, Vanillezucker und Zitronenschale schaumig schlagen. Quark dazu rühren. Eiweiß mit dem Salz zu festem Schnee schlagen, die Sahne schlagen und unter die Dottermasse heben. In eine gut ausgebutterte, feuerfeste Form füllen. Die entsteinten und halbierten Aprikosen darauf verteilen und im vorgeheizten Backofen bei 170 °C ca. 30 Minuten backen. Noch 10 Minuten im ausgeschaltenen Backofen stehen lassen. Mit Puderzucker bestäuben und heiß servieren.

- 250 g zimmerwarme Butter
- 250 g Zucker
- Geriebene Schale von 1 unbehandelten Zitrone
- 1 TL Vanillezucker
- 5 Eier
- 250 g Mehl
- 1 Msp Backpulver
- 1 Pr Salz
- Butter zum Ausfetten der Form
- Saft von 2 Zitronen
- 3 EL Kristallzucker

Zitronen-kuchen

Eine eher sommerliche Variante der Ananastortchen vom Frühling ist mein Zitronenkuchen.

Die Butter mit Zucker, Zitronenschale und Vanillezucker schaumig schlagen. Die Eier trennen, die Eidotter dazugeben und weiter schlagen, bis die Masse weiß-schaumig ist. Mehl und Backpulver einrühren. Eiweiß mit dem Salz zu steifem Schnee schlagen und unter die Masse heben.

Den Kuchenteig in eine gut ausgebutterte Springform füllen und im vorgeheizten Backofen bei 180 °C nicht zu lange (ca. 15–20 Minuten) backen. Noch warm mit einem Holzstäbchen ganz oft in den Kuchen stechen. Zucker mit dem Zitronensaft verrühren und auf dem warmen Kuchen verteilen.

Nach dem Abkühlen mindestens für 3 Stunden in den Kühlschrank stellen und dann eiskalt mit selbstgemachter Zitronenlimonade (Zitronensaft mit Zucker verrühren und mit Mineralwasser aufgießen) servieren.

JULI

JULI *Heute ist ein schwüler Sommertag und die Sehnsucht nach Ruhe im Schatten und kühlen Erfrischungen steigt. Es wird immer heißer und die Schulkinder, aber auch die meisten Erwachsenen freuen sich auf die Ferien. Die Gartenarbeit ist bei dieser Hitze beschwerlich und ich versuche, anstrengendes Schneiden frühmorgens und abends zu erledigen. Nun wachsen die Pflanzen nicht mehr ganz so schnell und so habe ich auch Zeit, andere, liegengebliebene Dinge zu erledigen. Zu gerne lasse ich mich natürlich zu einer gekühlten Zitronenlimonade und eiskaltem Zitronenkuchen auf der Steinbank verführen und vertiefe mich dabei in eine Gartenzeitschrift.*

Aber anderes wartet auf mich. Denn wenn ich jetzt durch den Garten laufe, leuchten mir reife Himbeeren und Johannisbeeren entgegen und springen mir fast in den Korb. In meinen Gedanken sehe ich sie schon als Marmelade. Wer keine eigene Ernte hat, sollte sich entweder auf Obstplantagen eindecken oder sich auf die Suche nach köstlich aromatischen wilden Brombeeren machen. Das Beerenfieber hat mich gepackt. Jetzt konserviere ich die Farben des Sommers im Glas und so begleitet mich diese Jahreszeit durchs ganze Jahr.

Mit schönen Utensilien macht das Einkochen noch mehr Spaß und gern mache ich mich an diese Arbeit. Die schönen Messingtöpfe werden mit Beeren und der gleichen Menge Zucker gefüllt und bald schon durchzieht das ganze Haus ein verführerischer Duft. Das frisch Eingekochte zieht alsbald Zaungäste an; und nach dem Abfüllen erscheinen meine Männer zum Töpfe ausschlecken. Gelb, orange, rot, dunkelrot – nicht nur Beeren, auch Kirschen und Marillen in Einmachgläsern mit fein säuberlich beschrifteten Etiketten stehen jetzt anmutig mit weißen Hauben aus Tortenpapier in unserer alten Küchenkredenz.

Auch im Garten wird es bunt. Zinnien entfalten sich in Bauerngärten und ich bin fast neidisch, weil mein Garten dafür zu schattig ist. Dafür sind meine geliebten Hortensien dieses Jahr eine wahre Pracht und leuchten von weiß über zartrosa bis dunkelviolett und tiefblau. Ende Juli öffnen auch die öfterblühenden Rosen noch einmal ihre Knospen. Ganz unwillkürlich führe ich eine Rose an meine Nase. Was für ein verführerischer und wohltuender Geruch! Bilder und Ereignisse werden wach in meinem Gedächtnis.

An den gelben Nachtkerzen habe ich gestern Abend einen Taubenschwanzfalter gesehen. Er heißt ja auch Kolibrifalter und im ersten Moment könnte man ihn wirklich mit einem Kolibri verwechseln. Er kommt nur im Hochsommer also – ist es wirklich Hochsommer!

SOMMERMENÜ

Ein lauer Sommerabend! Der Sommergarten und die ersten Sonnenblumen inspirieren mich, ein sommerliches Menü für unsere lieben Freunde zu kochen. Der Garten lädt geradezu dazu ein, draußen unter alten Bäumen zu tafeln und sich unbeschwertem Vergnügen hinzugeben. Keramik und Stoffe mit Blütenmustern, üppig wie eine Sommerwiese, sowie bunte Blumen aus meinem Garten sollen der Tischschmuck sein. Die Dekoration soll hell, leicht, frisch und einladend wirken. Außerdem soll es richtig romantisch werden, mit Laternen in den Bäumen und den Kandelabern in meinem Rosenpavillon und der Hängeesche. Laternen sammeln ist eine meiner Leidenschaften und an so einem Sommerabend kommen sie dann alle wirklich ins Kerzenrampenlicht.

MENÜFOLGE Olivenpaste auf Bruschetta | Gegrillte Auberginen | Sommerliche Tomaten-Avocado-Terrine | Vitello Tonnato | Tomatensuppe mit Saubohnen | Carpaccio mit Pilzen | Scampi mit Tomaten-Oliven-Brot | Himbeersorbet mit Framboise | Lammrücken mit Thymian, Rosmarinkartoffeln und Caponata aus Sommergemüse | Schneenockerln mit Vanillesauce und Beeren | Marillenknödel | Ziegenkäse mit wildem Thymian

FÜR DIE OLIVENPASTE:
150 g entsteinte schwarze Oliven
2 Knoblauchzehen
Vincotto
Frisch gemahlener Pfeffer
Salz

AUSSERDEM:
1 kleines Baguette
2 Knoblauchzehen
Olivenöl

Oliven mit Knoblauch und einem Spritzer Vincotto mit dem Pürierstab zerkleinern. Mit Pfeffer und Salz abschmecken. Hält sich gekühlt und in Gläser abgefüllt zwei Wochen.

Baguette in dünne Scheiben schneiden und eine Seite unter dem Grill rösten. Wenden und mit gepresstem Knoblauch sowie etwas Olivenöl einstreichen. Diese Seite ebenfalls rösten. Kurz vor dem Servieren auf den Bruschetta verteilen.

Olivenpaste auf Bruschetta

Kann warm oder kalt als Vorspeise serviert werden.

Gegrillte Auberginen

2 Auberginen
Salz
Olivenöl
Saft von 1 Zitrone
Geriebene Schale von 1 unbehandelten Zitrone
1 kleiner Bund Petersilie
Frisch gemahlener Pfeffer
Geriebener Parmesan

Auberginen in ½ Zentimeter dicke Scheiben schneiden, salzen, auf ein trockenes Tuch legen und ziehen lassen. Nebeneinander in eine große, flache, feuerfeste Form legen. Mit reichlich Olivenöl, Zitronensaft, geriebener Zitronenschale, gehackter Petersilie und grobem Pfeffer marinieren. Im vorgeheizten Backofen auf mittlerer Schiene grillen, bis die Auberginen weich sind. Mit etwas Parmesan bestreuen und unter dem Grill leicht bräunen.

Sommerliche Tomaten-Avocado-Terrine

1–2 reife Avocados
Saft von ½ Zitrone
18 kleine, süße, aromatische Cocktailtomaten
1–2 kleine Lauchzwiebeln
1 kleiner Bund Schnittlauch
1 kleiner Bund Petersilie
Einige frische Basilikumblätter
2 Zweige Zitronenmelisse
4 Zweige Zitronenthymian
Frisch gemahlener Pfeffer
Salz
Zucker
1 Spritzer Vincotto
1 Spritzer Olivenöl

Avocados schälen, in kleine Würfel schneiden und sofort mit Zitronensaft beträufeln, damit sie nicht schwarz werden. Tomaten, Lauchzwiebeln und Kräuter fein schneiden und unter die Avocadowürfel mischen. Mit Pfeffer, Salz, Zucker, Vincotto und Olivenöl abschmecken und in kleine Glasförmchen füllen. Kalt auf einem Blatt Kapuzinerkresse und einer Kapuzinerkresseblüte servieren.

VITELLO TONNATO

FÜR DAS FLEISCH:

1 Kalbsfilet
Salz
Frisch gemahlener Pfeffer
1 Schuss Olivenöl
2 Knoblauchzehen
1 Zwiebel
2 Zweige frischer Rosmarin
4–6 Zweige frischer Thymian
6 Zweige Zitronenthymian

FÜR DIE MAYONNAISE:

1 Eidotter
Etwas Maiskeimöl
Saft von ½ Zitrone
1 TL Senf
1 TL Ketchup
1 Schuss Worcestersauce
Einige Tropfen Tabasco
Einige Tropfen Angostura
Grober Pfeffer aus der Mühle
Salz
1 Pr Zucker
1 Dose Thunfisch
1–2 Becher Naturjoghurt
1 EL Kapern
Gurke und einige Kapern zum Dekorieren

Kalbfleisch salzen, pfeffern, mit Olivenöl einreiben und in eine feuerfeste Form legen. Knoblauch und Zwiebel schälen, grob hacken und mit den Kräutern zum Fleisch geben. Im vorgeheizten Backofen bei 200 °C solange braten, dass das Fleisch innen noch leicht rosa ist (je nach Größe ca. 20–30 Minuten). Ofen ausschalten und das Fleisch noch 5 Minuten im Ofen ruhen lassen.

Für die Mayonnaise das Eidotter schlagen und das Maiskeimöl tropfenweise zugeben. Dabei ständig weiterschlagen und soviel Öl zugeben, bis die Mayonnaise fest wird. Mit Senf, Ketchup, Worcestersauce, Tabasco, Angostura, Pfeffer, Salz und Zucker abschmecken. Die Mayonnaise mit dem abgetropften Thunfisch und einem Becher Joghurt pürieren. Zwiebel und Knoblauch zusammen mit etwas Bratensaft aus dem Bräter nehmen. Zur Mayonnaise hinzufügen, außerdem die Kapern dazugeben. Erneut pürieren. Ist die Sauce noch zu dick, fügt man einen zweiten Becher Joghurt hinzu. Mit Pfeffer und Salz abschmecken. Kalt stellen. Das Filet in sehr dünne Scheiben schneiden, auf Tellern verteilen und mit der Sauce überziehen. Mit Gurkenscheiben und Kapern verzieren.

Tomatensuppe mit Saubohnen

3 Zwiebeln
4 Knoblauchzehen
125 ml Olivenöl
1 kg reife Tomaten
300 ml Wasser
1 frischer Kräuterstrauß (Thymian, Rosmarin, Melisse, Oregano, Petersilie, Basilikum)
250 ml Sahne
Frisch gemahlener Pfeffer
Salz
Zucker
1 Schuss Medium Sherry
1 kg Saubohnen (etwa 150 g nach dem Auslösen)
Etwas Butter
125 ml Sahne zum Verzieren
Frisches Basilikum

Zwiebeln und Knoblauch grob hacken und in Olivenöl glasig anschwitzen. Die Tomaten mit kochendem Wasser übergießen und dann die Haut abziehen. Grob schneiden, zu den Zwiebeln geben und mit Wasser aufgießen, Kräuterstrauß dazugeben und 30 Minuten köcheln lassen. Kräuterstrauß entfernen und die Suppe mit der Sahne pürieren. Mit Pfeffer, Salz und Zucker sowie Sherry abschmecken.

Bohnen aus beiden Schalen auslösen und kurz in wenig Salzwasser weich dünsten. Wasser abgießen und die Bohnen in etwas Butter schwenken. Suppe anrichten, Saubohnen darauf verteilen und mit geschlagener Sahne sowie frischen Basilikumblättern dekorieren.

Falls keine Saubohnen auf dem Markt angeboten werden, eignen sich auch frische Erbsen.

Carpaccio mit Pilzen

300 g gut abgehangenes Rinderfilet

FÜR DIE MARINADE:
200 g Champignons
2 kleine Zwiebeln
2 Knoblauchzehen
125 ml Olivenöl
1 Bund Petersilie
Frisch gemahlener Pfeffer
Salz
1 Spritzer Vincotto

Rucola und Parmesan zum Dekorieren

Das Fleisch in möglichst dünne Scheiben schneiden. Jede Scheibe zwischen zwei Frischhaltefolien legen und mit dem Fleischklopfer hauchdünn klopfen. Eine Folie abziehen, das Fleisch auf einen Teller legen und dann die zweite Folie abziehen. Kalt stellen.

Inzwischen Pilze, Zwiebeln und Knoblauch fein hacken und in reichlich Olivenöl anbraten. Die fein gehackte Petersilie dazugeben. Mit Pfeffer, Salz und Vincotto abschmecken. Die Paste auf dem Fleisch verteilen. Parmesanspäne darüberhobeln und mit Rucola anrichten. Kalt servieren.

Scampi mit Tomaten-Oliven-Brot

FÜR DEN PIZZABROTTEIG:
1 Pck Hefe
125 ml lauwarmes Wasser
300 g Mehl
Olivenöl
1 Msp Salz
1 Tomate
Einige entsteinte schwarze Oliven
Frischer Rosmarin

FÜR DIE SCAMPI:
1 Zwiebel
1 Knolle frischer grüner Knoblauch
2 reife Tomaten
2 EL Chilifäden
1 TL grob gemahlene Chili
5 EL Olivenöl
400 g frische, geputzte Scampi oder Garnelen
2 EL Olivenöl zum Anbraten
Salz

Die Hefe im lauwarmen Wasser auflösen, dann mit Mehl, Olivenöl und Salz zu einem glatten Teig verkneten, bis er Blasen wirft. Zugedeckt an einem warmen Ort bis zur doppelten Größe gehen lassen. Den Teig mit gehackten Tomatenwürfeln, gehackten schwarzen Oliven und frischem Rosmarin verkneten und nochmals gehen lassen. Schmale, längliche Brote formen, mit Olivenöl bestreichen und bei 180 °C im vorgeheizten Backofen ca. 30 Minuten backen.

Knoblauch und Zwiebel schälen, grob hacken und mit den klein geschnittenen Tomaten, Chilifäden, Chili und Olivenöl unterm Grill rösten, bis die Zwiebel Farbe bekommt. Die Scampi kurz in Olivenöl scharf anbraten, dann zu den Tomaten geben und durchrühren und mit Salz abschmecken. Scampi mit dem Brot lauwarm servieren.

125 ml Wasser
250 g Zucker
Geriebene Schale von 1 unbehandelten Zitrone
500 g Himbeeren
Saft von 1 Zitrone
1 guter Schuss Framboise
4 Eiweiß

Himbeersorbet mit Framboise

Wasser mit dem Zucker und der Zitronenschale 10 Minuten sprudelnd kochen. Himbeeren pürieren. Zitronensaft, Himbeerpüree und Framboise einrühren und mindestens 3 Stunden ins Tiefkühlfach stellen. Eiweiß zu steifem Schnee schlagen und mit einem Schneebesen gleichmäßig unter die Himbeermasse rühren. Kleine hübsche Gläschen zu Dreivierteln füllen und nochmals gefrieren. 15 Minuten vor dem Servieren aus dem Gefrierfach nehmen und am Tisch mit Sekt aufgießen.

Lammrücken mit Thymian, Rosmarin-Kartoffeln und Caponata aus Sommergemüse

FÜR DEN LAMMRÜCKEN:
3 ausgelöste Rücken
1 Knolle Knoblauch
Grober, frisch gemahlener Pfeffer
Salz
4 EL Senf
2 EL getrockneter Thymian
1 große Handvoll frischer Kräuter (Rosmarin, Thymian, Melisse, Zitronenthymian, Salbei, Oregano, Mayoran)
Olivenöl

FÜR DIE KARTOFFELN:
1 kg kleine neue Kartoffeln
1 Knolle frischer grüner Knoblauch
Salz
2 Schuss Olivenöl
3 Zweige Rosmarin

FÜR DIE CAPONATA:
2 süße Spitzpaprika
1 kleine Aubergine
1 Zucchini
2 Zwiebeln
1 Knolle frischer grüner Knoblauch
2 Tomaten
1 kleiner Bund glatte Petersilie
Thymian
2 Schuss Olivenöl
1 Schuss Vincotto
Grober, frisch gemahlener Pfeffer
Salz
1 Bund frisches Basilikum

Die Rücken jeweils in 3 Teile schneiden und mit den gepressten Knoblauchzehen einreiben. Mit grobem Pfeffer und Salz bestreuen, mit dem Senf und dem getrockneten Thymian einstreichen. Die Kräuter mit Stängeln in Stücke schneiden und darüberstreuen. Alles mit Olivenöl bedecken. Mindestens einen halben, besser einen Tag durchziehen lassen. In einer Pfanne scharf von beiden Seiten anbraten. Das Fleisch sollte innen noch rosa sein.

Kartoffeln unter Wasser abbürsten, der Länge nach vierteln. Knoblauch schälen und hacken. Knoblauch, Salz, Olivenöl und abgerebelten Rosmarin untermischen und im heißen Backofen bei 200 °C backen, bis die Kartoffeln eine golden-knusprige Haut bekommen.

Das Gemüse in grobe Würfel schneiden, Petersilie kleinschneiden. Mit Thymian, Olivenöl, Vincotto, Pfeffer und Salz mischen und in eine feuerfeste Form geben. Unter dem Grill garen und zwischendurch immer wieder durchrühren, abschmecken und mit frischem Basilikum bestreuen.

Fleisch, Kartoffeln und Gemüse gemeinsam anrichten.

FÜR DIE KNÖDEL:
120 g zimmerwarme Butter
Geriebene Schale von 1 unbehandelten Zitrone
1 Pr Salz
2 Eier
400 g Mehl
500 g Magerquark

FÜR DIE FÜLLE:
600 g Marillen (Aprikosen)
Würfelzucker

ZUM WÄLZEN:
Semmelbrösel
1 walnussgroßes Stück Butter

AUSSERDEM:
1 EL Zimt
4 EL Kristallzucker
200 g Butter zum Übergießen
Puderzucker zum Bestäuben

Dieses Rezept mit Quarkteig eignet sich auch hervorragend für Zwetschgenknödel.

MARILLEN-KNÖDEL

Butter, Zitronenschale, Salz, Eier, Mehl und Quark mischen, gut durchkneten und im Kühlschrank 30 Minuten ruhen lassen.

Marillen aufschneiden, Stein entfernen, ein Stück Würfelzucker einsetzen und zuklappen.

Inzwischen die Semmelbrösel in der Pfanne mit der Butter unter ständigem Rühren goldgelb anrösten.

Zimt und Zucker gut mischen.

Den Teig auf einem bemehlten Brett zu einer Rolle formen und in etwa 12 gleich große Teile schneiden. Diese einzeln auf der bemehlten Handinnenfläche flachdrücken, eine Marille einsetzen, den Teig darüberschlagen und zu Knödeln formen. An den Nahtstellen gut zusammendrücken und 10 Minuten in leicht köchelndem, etwas gesalzenem Wasser kochen. Mit dem Schaumlöffel herausheben und sofort in den gerösteten Bröseln wenden. Auf Tellern anrichten und mit flüssiger heißer Butter übergießen, mit Puderzucker bestäuben und mit dem Zimtzucker servieren.

Schneenockerln mit Vanillesauce und Beeren

Klingt komplizierter, als es ist, aber es lohnt sich, denn der Geschmack ist himmlisch!

FÜR DIE SCHNEENOCKERLN:
6 Eiweiß
1 Pr Salz
110 g Kristallzucker
110 g Puderzucker
1 Vanillestange
1500 ml Milch
1 Pr Salz

FÜR DIE VANILLESAUCE:
6 Eidotter
125 ml Sahne
140 g Zucker

AUSSERDEM:
Frische Beeren der Saison
Krokant (Rezept siehe Seite 24)

Eiweiß zu steifem Schnee schlagen, Salz, Zucker und Puderzucker einrieseln lassen und dabei weiterschlagen. Die Vanilleschote aufschlitzen, das Mark herauskratzen und in die Milch geben. Diese fast zum Kochen bringen. Mit einem großen Esslöffel werden Nockerln geformt und in die Milch eingelegt. Nach 2 Minuten die Nockerln umdrehen und wieder 2 Minuten ziehen lassen, die Milch darf dabei nicht kochen! Die Nockerln anschließend auf einem Kuchengitter abtropfen lassen.

Für die Vanillesauce wird die Vanillemilch von den Nockerln verwendet. Diese mit der Sahne verrühren. Vanilleschote entfernen und die Milch fast zum Kochen bringen. Eidotter mit dem Zucker dick schaumig schlagen. Milch langsam, unter ständigem Schlagen in den Eischaum geben. Die Mischung in den Topf zurückfüllen und unter ständigem Schlagen im Wasserbad langsam erhitzen. Dafür braucht es etwas Feingefühl, da die Creme – wenn sie zu heiß wird – ausflockt. Danach die Creme im kalten Wasserbad kalt schlagen. Man kann nicht zu lange schlagen.

Die Nockerln in Schalen anrichten und mit der Vanillesauce übergießen. Mit etwas Krokant bestreuen und die Beeren dazu reichen.

Ziegenkäse mit wildem Thymian

FÜR DIE MARINADE:
1 Knoblauchzehe
4 EL Olivenöl
1 Schuss Vincotto
Etwas Balsamico
1 EL Senf
Grober, frisch gemahlener Pfeffer
Salz

4 Ziegenfrischkäsescheiben
1 Handvoll wilder Thymian

Wilder Thymian wächst an Südhängen im Mittelgebirge und ist fast so würzig wie der Thymian der Provence. Natürlich kann man ersatzweise auch Gartenthymian verwenden. Auch frisches Basilikum oder roter Bockshornklee passen hervorragend dazu.

Knoblauchzehe fein hacken und mit den anderen Zutaten vermischen. Über dem Käse verteilen.

Frischen, abgerebelten wilden Thymian darüberstreuen. Mit Ciabatta servieren.

AUGUST Auch wenn an diesen heißen Tagen die weißen Blütenbälle der Hortensien uns noch ein bisschen das Gefühl der Frische vermitteln, entfliehen wir der Hitze für einige Tage in luftige Höhen in das Berghaus meiner Eltern. Das saftige Grün der Bergwiesen, das fröhliche Läuten der Kuhglocken, ein sagenhaftes Bergpanorama und eine unbeschreiblich würzige Luft empfangen uns. Tief atme ich diese frische Luft ein und Kindheitserinnerungen werden wach. Sofort schmiede ich Pläne für den kommenden Tag, als ich die vielen dunkelblauen reifen Heidelbeeren zwischen dem reichblühenden, hohen Sommerenzian am Wegesrand entdecke.

Nach dem Frühstück mit frischem Ziegenkäse ziehen wir mit zwei noch leeren, verbeulten Aluminiummilchkannen ins Hochmoor. In die eine Kanne kommen die Heidelbeeren und in die andere der frische Rahm direkt von der Alpe, bei der wir auf dem Rückweg vorbei kommen. Aber erst erfrischen wir uns noch im Moorsee, der golden glänzend, von hohen Tannen umgeben, am Ende des Moors liegt. Immer wieder bildet sich an der Oberfläche ein Kringel, wenn eine Forelle Luft holt, ansonsten ist der See spiegelglatt und das Abbild der Kapelle, die auf einer kleinen Anhöhe am Ufer steht, spiegelt sich darin. Das Wasser ist eisig und ich habe das Gefühl, es nimmt mir kurz den Atem, als ich untertauche. Wieder an der Sonne prickelt es wie Champagner auf der Haut und wir ziehen glücklich weiter. Ich überlege mir schon, wie ich die Heidelbeeren in einen köstlichen Streusel verwandeln werde.

Am nächsten Tag regnet es nicht nur, es schüttet und hier in den Bergen hängt der Nebel. Wir verfolgen mit unseren Augen die Spuren der Regentropfen, die am Verandafenster herunterlaufen, verbringen den Nachmittag mit Spielen und schmökern in alten Fotoalben. Am späten Nachmittag hört es endlich auf zu regnen. Aus dem Wald steigen Dampfwolken auf und die Natur sieht wie frisch gewaschen aus. Der wilde Thymian, der überall auf den Südhängen üppig wächst, duftet besonders intensiv und dazwischen leuchten die Wildpreiselbeeren wie rote Perlen. Mit Hut, Wachsjacken und in Gummistiefeln stapfen wir durch das hohe, nasse Gras in Richtung Moorsee. Unsere Söhne wollen sich im Angeln messen und wir freuen uns schon auf die fangfrischen Forellen. Ob sie erfolgreich sind, wird sich ja bald herausstellen …

AUGUST

Heidelbeerstreusel

Schmeckt auch gut mit Himbeeren, Äpfeln oder Zwetschgen.

Etwas Butter für die Form
1 kg Heidelbeeren
200 g Mehl
150 g Kristallzucker
1 TL Vanillezucker
150 g zimmerwarme Butter
1 Pr Salz
½ TL gemahlener Zimt

AUSSERDEM:
Sahne

Eine feuerfeste Tarteform gut ausbuttern und die Beeren in die Form füllen. Aus den Streuselzutaten rasch einen Teig kneten und diesen kurz im Kühlschrank ruhen lassen. Über den Früchten grob zerkrümeln und im vorgeheizten Backofen bei 180 °C knusprig backen. Warm mit halbgeschlagener Sahne servieren.

Äpfel Astern Dahlien Kür-
bisse Hagebutten Maroni Kasta-
nien Buchecker Nüsse buntes Lau
Chrysanthemen Birnen Kraut
Viburnumbeeren Hortensien
wilde Brombeeren Vogelbeeren
Wilder Wein Trauben Lampion
blumen Eisenhut …

Herbst

SEPTEMBER Viele meinen, dass nun der Sommer endgültig vorbei sei. Für mich stimmt das nicht ganz. Im Garten sind zwar die meisten Sommerblumen verblüht, aber noch zeigen sich einige in voller Blüte. Die Beete leuchten nun tiefrosa, lila und violett, die fast feenhaft wirkenden Herbstastern haben ihren großen Auftritt. Dahlien, die nicht dem Schneckenfraß zum Opfer fielen, blühen mit ihnen um die Wette. Vom Blumenmarkt bringe ich dicke, kugelige Chrysanthemenbüsche mit nach Hause und verteile sie malerisch und sehr zahlreich im Garten, in Körben, alten Zinkwannen und Tontöpfen. Auch auf eine schöne verwitterte Teakbank drapiere ich einen leuchtenden Blumentopf, am Tor ziert ein Chrysanthemenbusch in einem ausrangierten, geflochtenen Einkaufskorb mit Lederhenkeln den Eingang.

Der September ist für mich eine Zeit des Hamsterns: Gemüse- und Obstgärten leeren sich, dafür sind die Vorratskammern bis zum Bersten voll. Mit reichhaltig gefüllten Körben kehren wir aus Wald, Wiese, Garten und natürlich vom Markt heim. Fast täglich zaubere ich Kränze aus den Schätzen der Natur und schmücke damit Heim und Garten. September ist die Zeit von Hortensienkränzen, Kraut einlegen und Kürbissen.

Bei Kürbis denke ich mit Schmunzeln an Anita und ihren Hofladen. Vor 16 Jahren, als wir von Kapstadt hierher ins Elztal zogen, waren unsere Kinder überglücklich, bei ihr die damals in Deutschland noch nicht so bekannten Halloween-Kürbisse zu erstehen. Anita hatte nur ein paar wenige von den riesengroßen orangefarbenen Exemplaren in ihrem kleinen Hofladen. Unsere Buben waren begeistert und die Traurigkeit, auf Halloween verzichten zu müssen, war verflogen. Begeistert wurde ausgehöhlt und geschnitzt. Am Abend sind sie dann mit den neuen Freunden, die das alles sehr faszinierend fanden, auf Tour gegangen. Inzwischen floriert Anitas nun wunderschöner stattlicher Hofladen, und sie baut sämtliche nur denkbaren Kürbissorten an. Der Anblick der geschmackvoll dekorierten Kürbisparade ist ein Augenschmaus. Außerdem hat Anita ein großes Feld mit Dahlien. Diese sind wirklich ein Blütenwunder der Natur. Wenn sie mit Folie geschützt werden, macht der erste Frost ihnen kein jähes Ende, und sie blühen bis in den späten Herbst. Dort hole ich mir dicke Sträuße, manchmal auch ganze Wannen voll als Dekoration für Feste, wie letztes Jahr zu unserer Silberhochzeit. Ich binde sie am liebsten bunt und mische sie mit Gräsern, wilden Brombeeren und duftenden Kräutern aus dem Garten. Hübsch sieht es aus, wenn man noch einige kleine Äpfel auf Holzspießen in die Sträuße steckt.

Die schöne Herbstzeit beginnt mit süßen, knackigroten Äpfeln, unter denen sich die Äste biegen. Als Kinder stritten wir immer, wer heute den Most im Krug aus dem Keller holen musste. Jeden Tag, jahraus jahrein, gab es zum Mittagessen Süßmost für die Kinder und vergorenen für die Erwachsenen. Aus dem Most, der dann vom Vorjahr übrig blieb, wurde ein herrlicher Apfelessig. Es gehörte zum Herbstritual, Most zu pressen und in die vom Knecht gesäuberten Fässer im Mostkeller abzufüllen und einzulagern. Sentimental denke ich an die Streuobstwiesen unserer Familie, an den strengen, beißenden und auch modrigen Geruch im Mostkeller mit feuchtem Ziegelboden und vielen alten Fässern. Mein Vater führt immer noch die Traditionen bis heute weiter. Er mostet und brennt den eigenen Obstler, der dann Jahrzehnte in speziellen Glasballons im eigenen Keller lagert, bevor er als milde und würzige Rarität getrunken wird.

FÜR DEN TEIG:
4 fertige frische Strudelteigblätter

oder (für 2 Strudel)

Wiener Apfelstrudel

250 g Mehl
1 Pr Salz
2 Eier
100 ml lauwarmes Wasser
1 EL Öl

AUSSERDEM:
Etwas Mehl
125 ml flüssige Butter
Etwas Zucker

FÜR DIE FÜLLE:
100 g Semmelbrösel
250 g Butter
1 kg säuerliche Äpfel
140 g Zucker
1 TL Vanillezucker
1 TL Zimt
170 g Rosinen
Zitronensaft von 1 Zitrone
Flüssige Butter zum Einpinseln und Zucker zum Bestreuen
Puderzucker zum Bestäuben

Statt Äpfel eignen sich viele Obstsorten. Herrlich schmecken Marillen oder Zwetschgen mit Marzipan, aber auch Rhabarber, Mohn- oder Quarkfülle. Ebenso lässt sich der Strudel pikant füllen.

Aus Mehl, Salz, Eiern und Wasser einen glatten Teig kneten, zur Kugel formen und mit Öl bestreichen. 30 Minuten ruhen lassen. In 2 gleiche Teile teilen und daraus 2 Lagen hauchdünn ausziehen (man muss die Zeitung darunter lesen können). 1 Lage auf ein bemehltes Geschirrtuch legen, mit flüssiger Butter bestreichen und weiter ausziehen, erst mit dem Nudelholz, dann mit den Händen. Mit etwas Zucker bestreuen, füllen und zusammenrollen (s. u.).

Bei der Verwendung von fertigem Teig wird eine Lage auf ein bemehltes Geschirrtuch gelegt und mit flüssiger Butter eingepinselt. Zucker darüberstreuen, eine zweite Teiglage darauflegen und füllen (s. u.).

Butter in der Pfanne zergehen lassen und Semmelbrösel darin kurz leicht rösten. Die Äpfel schälen und dünnblättrig schneiden. Brösel, Äpfel, Zucker, Vanillezucker, Zimt, Rosinen und Zitronensaft mischen und auf die doppelten Strudelteigplatten, nicht zu nahe an den Teigrand verteilen. Strudel mit Hilfe des Geschirrtuchs zusammenrollen, die Ecken festdrücken. Mit der Naht nach unten auf ein Kuchenblech legen und mit flüssiger Butter einpinseln, dünn Zucker darüberstreuen und bei 180 °C ca. 30–40 Minuten goldbraun backen. Mit Puderzucker bestreuen und mit gesüßter Schlagsahne heiß servieren.

Müllerrahm-Strudel Sylvia

Strudelteig (wie links)

FÜR DIE FÜLLE:
4 Eier
150 g Zucker
Geriebene Schale von 1 unbehandelten Zitrone
1 TL Vanillezucker
1 Pck Vanillepudding
250 ml Sahne
500 g Magerquark
1 Pr Salz
1 Handvoll Rosinen (in Rum eingelegt)
Etwas Puderzucker zum Bestäuben

Für die Fülle die Eidotter mit Zucker, Zitronenschale und Vanillezucker weiß-schaumig schlagen. Puddingpulver hinzufügen und gut durchrühren. Sahne steif schlagen und mit dem Quark unter die Dottermasse rühren. Eiweiß mit Salz zu steifem Schnee schlagen und unterheben. Zum Schluss die Rosinen hinzufügen. Wie beim Apfelstrudel beschrieben weiter verfahren. Nach dem Backen mit Puderzucker bestäuben und heiß mit Vanillesauce (Rezept siehe Seite 76) servieren.

Scheiter-haufen

5 Brötchen oder Croissants vom Vortag
4 Eier
500 ml Milch
100 g Zucker
1 TL Vanillezucker
1 TL Zimt
300 g Äpfel
1 Handvoll Rosinen
1 walnussgroßes Stück Butter
100 g Mandelsplitter
Butterflocken
2 EL Zucker

Brötchen in Scheiben schneiden. Eier, Milch, Zucker, Vanillezucker und Zimt verquirlen. Äpfel schälen, in dünne Scheiben schneiden und in die Flüssigkeit geben. Brötchen und Rosinen zufügen. Eine Form gut ausbuttern, die Masse hineingeben. Mandelsplitter sowie Butterflöckchen darauf verteilen. Zucker darüberstreuen und bei 180 °C ca. 30–40 Minuten backen. Heiß mit frischer Vanillesauce (Rezept siehe Seite 76) servieren!

250 g zimmerwarme Butter
250 g Zucker
Geriebene Schale von 1 unbehandelten Zitrone
1 TL Vanillezucker
5 Eier
3 EL Sauerrahm
250 g Mehl
1 Msp Backpulver
150 g Rosinen
Butter für die Form
300 g Äpfel
Puderzucker zum Bestäuben

Einfacher Apfelkuchen

Butter, Zucker, Zitronenschale und Vanillezucker schaumig schlagen. Eier nach und nach dazugeben und weiterschlagen. Sauerrahm einrühren, Mehl, Backpulver und Rosinen unterrühren und in eine gut ausgebutterte Springform füllen. Die Äpfel schälen, in Schnitze schneiden und auf dem Teig verteilen. Leicht andrücken. Im vorgeheizten Backofen bei 180 °C ca. 40 Minuten backen. Mit Puderzucker bestäuben und heiß servieren.

Manchmal schneide ich auch etwas Rohmarzipan in kleine Stücke und rühre es in den rohen Teig.

Mehl, Milch, Salz, Eier und Butter zu einem glatten Teig verrühren. Äpfel schälen und in hauchdünne Scheiben schneiden. Etwas Butter in die heiße Pfanne geben und die Pfanne mit Apfelscheiben auskleiden. Teig dünn über die Äpfel gießen und ausbacken, wenden und sofort mit den Äpfeln nach oben auf ein Backblech gleiten lassen. Mit Calvados beträufeln, mit Zimtzucker bestreuen und unter dem heißen Grill kurz karamellisieren. Die nächste Palatschinke ausbacken usw. Heiß mit Vanilleeis oder Vanillesauce (Rezept siehe Seite 76) servieren.

250 g Mehl
500 ml Milch
1 Pr Salz
2 Eier
2 EL flüssige Butter
1–2 Äpfel
Butter zum Ausbacken
Zimtzucker
Calvados

Apfelpalatschinken

Apfelpalatschinken überbacken

2–3 Äpfel
Saft von ½ Zitrone
½ TL Nelkenpulver
½ TL gemahlener Zimt
2 EL Zucker
Butter für die Form

FÜR DEN GUSS:
250 g Sauerrahm
125 ml Sahne
3 EL Zucker
1 Ei

Äpfel schälen, in Würfel schneiden und mit Zitronensaft, Zucker, Zimt und Nelkenpulver kurz dünsten. Palatschinken (s.o.) damit füllen. Dann in eine gebutterte Auflaufform legen. Sauerrahm, Sahne, Zucker und das Ei miteinander verrühren und über die Palatschinken gießen. Etwa 10 Minuten bei 250 °C überbacken.

I'M IN
THE GARDEN

Apfeltopfen-Mohntorte

FÜR DEN MÜRBETEIG:
140 g Mehl
100 g zimmerwarme Butter
50 g Puderzucker
1 Eidotter
Geriebene Schale von 1 unbehandelten Zitrone
1 Pr Salz
Butter für die Form

FÜR DIE FÜLLE:
1 kleines Brötchen
Etwas warme Milch
500 g Magerquark
120 g zimmerwarme Butter
70 g Puderzucker
Geriebene Schale von 1 unbehandelten Zitrone
1 TL Vanillezucker
6 Eier
6 EL Sauerrahm
1 Handvoll Rosinen
½ EL Mehl
60 g Zucker
1 Pr Salz
2 Äpfel

FÜR DIE MOHNFÜLLE:
100 ml Milch
1 Schuss Rum
Etwas Zimt
Geriebene Schale von 1 unbehandelten Zitrone
100 g gemahlene Walnüsse
120 g gemahlener Mohn
30 g Zucker
1 TL Vanillezucker
1 EL Honig

Alle Zutaten für den Mürbeteig miteinander verkneten und eine gut ausgebutterte Springform damit auskleiden.

Das Brötchen in der warmen Milch einweichen, dann ausdrücken, mit einer Gabel fein zerdrücken. Butter mit Puderzucker, Zitronenschale und Vanillezucker flaumig rühren, Eidotter zufügen und weißschaumig schlagen. Quark, Sauerrahm und zerdrücktes Brötchen unterrühren. Die Rosinen in dem Mehl wälzen und unter die Masse rühren. Eiweiß steif schlagen, Zucker und Salz einrieseln lassen und weiterschlagen. Unter die Quarkmasse heben und diese auf den Mürbeteig in die Springform füllen.

Äpfel schälen, Kerngehäuse entfernen und in Schnitzen auf der Quarkmasse verteilen. Im vorgeheizten Backofen bei ca. 170 °C backen.

Für die Fülle die Milch mit dem Rum, Zimt und Zitronenschale aufkochen. Nüsse, Mohn, Zucker, Vanillezucker und Honig unterrühren. Gut verrühren und quellen lassen.

Nach 30 Minuten Backzeit die Mohnfülle unregelmäßig auf dem Kuchen verteilen und nochmals ca. 20–30 Minuten fertigbacken.

OKTOBER Alles erstrahlt weich golden und gelb orange in meinem Garten. Eigentlich ist dieser Anblick wunderschön und dennoch sträube ich mich gegen dieses Herbstgefühl. Wehmütig denke ich an den viel zu kurzen Sommer. Ich will noch nicht an Herbst denken und schon gar nicht an den Winter. Ein nussiger Geruch steigt mir in die Nase und ich beobachte, wie die ersten Blätter durch die Luft gaukeln und sich auf unserem Rasen niederlassen. Die Sonne ist jetzt deutlich flacher und geht jeden Tag mit rasanten Schritten noch ein bisschen früher unter. Die Nächte werden spürbar kühler und morgens hängen dampfende Nebelschwaden in den Wäldern auf den umliegenden Anhöhen.

Es ist Mitte Oktober und ich streife mit unserem Hund durch den Wald. Die gelben Buchenblätter heben sich markant von dem tiefblauen Himmel ab. Nun beginnt die Zeit des Sammelns – wobei ich eigentlich immer etwas sammle! Schnell stopfe ich meine Jackentasche voll mit Esskastanien, über die ich fast gestolpert wäre. Fast immer finde ich neue Schätze auf meinen Streifzügen: wilden Hopfen für die Küchenkränze, kleine Hagebutten für meinen Türkranz und die Herbstgestecke, Hortensien zum Vergolden für Weihnachten, abgeschnittene Rebenzweige, Rosskastanien und Maroni, Stechäpfel und Grabäpfel (kleine Zieräpfel), Nüsse und Bucheckern und natürlich buntes Laub.

Samstagmorgen und wieder ein herrlicher Herbsttag. Im Schatten ist es zwar recht kühl, doch die Sonne wärmt noch gut. Rasch rücke ich den kleinen Eisentisch zur Steinbank im Rosenbogen. Dorthin scheint die Sonne noch den ganzen Tag und der Boden ist trocken. Ein paar gemütliche Kissen und eine Tischdecke werden aus dem Haus geholt und ich decke den Tisch fürs Frühstück. Vielleicht ist es ja das letzte Mal in diesem Jahr. Nach dem Frühstück nur noch fünf Minuten unter dem Rosenbogen verweilen und die Ruhe genießen …

Dann geht es munter zur Gartenarbeit. Ich denke, dass mir die Arbeit gut tut vor der Winterpause und bewältige mit ungeheuren Kräften die Berge von Laub. Dann widme ich mich dem mühseligen Schneiden der Trompetenblume, die bis in den dritten Stock wuchert. Trimme als Entspannung die kleineren Bäume, Rosen und Lavendel. Die letzten Rosen verströmen einen betörenden Duft, es kommt mir fast so vor, als wäre er so stark wie den ganzen Sommer nicht. Auch die Farben dieser letzten Rosen sind so exquisit. Zwei besonders schöne Exemplare schneide ich, stelle sie in alte Glasvasen und schmücke damit unsere Nachtkästchen am Bett. Jetzt müssen nur noch die Ahorn- und Haselruten entlaubt und in der richtigen Länge gestutzt werden, dann kann ich daraus neue Tipis für Kletterpflanzen flechten, Zäune und grüne Stühle für unseren Garten stecken.

Die Fuchsien in den Töpfen sind noch in voller Blüte, wie auch die Duftgeranien und die Bleiwurz, und ich habe den Entschluss gefasst, sie noch bis zum ersten Frost im Freien zu lassen. Der Topinambur strahlt mit seinem Dottergelb am Teich und der Eisenhut ist so tiefblau, dass er allen anderen Pflanzen mit seiner Farbe Konkurrenz macht. Zum ersten Mal dieses Jahr bin ich nicht geizig mit dem Schneiden der Blumen in meinem Garten, denn es könnte ja morgen schon Frost geben und die ganze Pracht wäre dahin. Jetzt fange ich an, Sträuße zu binden. Ich liebe bunte Herbststräuße mit Dahlien, Hagebutten, stark duftenden Kräutern und den fantastischen, in noch allen erdenklichen Farbnuancen blühenden Hortensien, gemischt mit den letzten Wicken, Rosen und Kapuzinerkresse. Überall im Haus schmücken sie gemütliche Ecken und natürlich unseren Esstisch. Gestern habe ich viele kleine, übrig gebliebene Äpfel gepflückt, auf Holzspieße gesteckt und dann in Blumensträuße verteilt. Andere kamen in große Glasbehälter in die Küche – wie das duftet! Allerdings betäubte mich beim Pflücken fast der Geruch der Äpfel. Unser Hund hat eine Leidenschaft für Fallobstäpfel entwickelt und kann sich kaum von der Apfelwiese trennen.

Jetzt naht der November mit raschen Schritten. In Wald und Garten wird es ruhig. Nur noch die Amseln hüpfen zwitschernd durch den Garten und eine Horde Spatzen vergnügt sich im wilden Wein oder im alten Jasminbaum mit der Wildrose und ihren Hagebutten, die von den Vögeln hoch geschätzt werden. Amseln bevorzugen allerdings die Beeren von Feuerdorn und Stechpalme, habe ich mit Bedauern festgestellt, denn immer, wenn ich vor dem Advent Zweige mit Beeren für meine Weihnachtskränze schneide möchte, sind sie fast leergefressen. Meisen picken winzige Käfer und Läuse von der Hängeesche und das Rotkelchen hüpft immer zahm um mich herum, wenn ich Laub reche. Die Eichhörnchen haben sich auch wieder im Zwischendach unserer Veranda ihr Winterquartier eingerichtet. Da sie Winterruhe halten, wachen sie hin und wieder auf und wir hören sie über uns rumoren und die Nüsse rollen. Ein Zaunkönig übernachtet desöfteren in einem alten Nest am Kücheneingang. Ab und zu sehe ich ein Türkentaubenpaar und einige Finken, doch die meisten Vögel sind schon längst irgendwo im Süden.

Im Wald riecht es stark nach Pilzen. Ich habe Glück und finde drei wunderbare, feste, große Steinpilze. Was für ein Mittagsessen, ein wahres Festmahl, das im Gaumen eine bleibende Erinnerung hinterlässt. Mmmh – nur mit Knoblauch und Olivenöl gebraten, frischer Petersilie, Pfeffer und Salz mit geröstetem Toast oder mit frischen Nüdele sind Pilze eine wahre Delikatesse.

Steinpilze mit geröstetem Toast

4 Knoblauchzehen
125 ml Olivenöl
Einige Wildpilze
1 Bund glatte Petersilie
Frisch gemahlener Pfeffer
Salz

Knoblauch kurz im Olivenöl rösten. Geputzte Pilze und gehackte Petersilie dazugeben und weiterrösten. Mit Pfeffer und Salz abschmecken.

Zwiebel-kuchen

FÜR DEN HEFETEIG:
1 Pck Hefe
125 ml lauwarmes Wasser
300 g Mehl
Olivenöl
1 Msp Salz
Butter für die Form

FÜR DEN BELAG:
3 große Zwiebeln
1 Bund glatte Petersilie
3 Eier
250 ml Sahne
200 g geriebener Käse
Frisch gemahlener Pfeffer
Etwas gemahlene Muskatnuss
Salz
Zucker

Der süßherbe Geschmack des neuen Süßen und der gerösteten Kastanien passen wunderbar zum duftenden Zwiebelkuchen.

Die Hefe im lauwarmen Wasser auflösen, dann mit Mehl, Olivenöl und Salz zu einem glatten Teig verkneten, bis er Blasen wirft. Zugedeckt an einem warmen Ort bis zur doppelten Größe gehen lassen. Gut durchkneten und nochmals gehen lassen.

Eine Quicheform gut ausbuttern und mit dem Hefeteig auskleiden. Nochmals gehen lassen.

Zwiebeln schälen, fein schneiden und mit der gehackten Petersilie auf dem Teig verteilen. Eier mit der Sahne verquirlen, mit dem Käse und den Gewürzen verrühren und über die Zwiebeln gießen. Im vorgeheizten Backofen bei 180 °C ca. 50–60 Minuten backen.

NOVEMBER

Genussvoll laufe ich durch eine dicke, raschelnde Laubschicht. Dieses Jahr wurden wir wirklich mit einem goldenen Herbst verwöhnt. Noch nicht einmal richtigen Frost hatten wir, und ich kann mich nicht daran erinnern, je meine Novembergartenarbeit ohne kalte Zehen und Finger erledigt zu haben.

Der Garten schläft schon fast. Die Stauden werde ich erst im Frühjahr schneiden, damit die Vögel genug Nahrung finden. Die letzten Blätter müssen noch zusammengenommen und gehäckselt werden. Die Gartenmöbel und alle nicht frostfesten Dekoration sind im Keller verstaut. Sämtliche Marmorplatten sind eingewickelt und winterfest verpackt, die Töpfe mit nicht frostharten Pflanzen haben wir auf der Veranda oder im Keller untergebracht. Das Vogelhaus muss mein Mann noch aufstellen. Heute habe ich die Töpfe außen am Eingangsbereich ausgeräumt und dann mit winterfesten Pflanzen wie Silberblatt, Currykraut, Rosmarin, weißem Heidekraut und Christrosen bepflanzt. Dazwischen stopfe ich jede Menge Tannenzapfen. Die richtige Weihnachtsdekoration für außen muss noch ein bisschen auf sich warten lassen.

Seit heute in den frühen Morgenstunden sind die Wiese und die Dächer doch weiß vom Raureif. Die einzelnen Rosen ragen einsam an langen Stielen in den Himmel und trotzen dem leichten Frost und blühen eisern weiter. Die Kapuzinerkresse macht es ihnen gleich. Mein Mann und ich marschieren mit unserem Hund durch neblige Weinberge, die durch den Nebel ganz weiche Konturen bekommen und in ein unbeschreibliches pastellfarbenes Licht getaucht sind. An den Reben hängen noch Trauben, die entweder vergessen wurden oder für die Herstellung von Eiswein noch den dafür nötigen stärkeren Frost brauchen. Im Laufen flechte ich einen Kranz aus den abgeschnittenen Reben, von denen ich nie genug haben kann.

Die Luft riecht nach brennendem Kaminholz und die Kälte verfängt sich in meinen Fingern beim Laub rechen. Nach getaner Arbeit, als ich mit unserem Hund über abgeerntete Felder stapfe, vergrabe ich meine Hände tief in meinen Jackentaschen. Außer krächzenden Krähen höre ich keinen Vogellaut mehr. Der November ist neblig, und schon am Nachmittag hüllt sich der Garten in milchige Dämmerung. Wir genießen die Sanftheit des hereinbrechenden, dämmrigen frühen Abends, sind glücklich und freuen uns, kuschelig mit einer Tasse Tee vor dem Kamin zu sitzen und zu lesen. Ich notiere mir neue Ideen für Weihnachtsdekorationen. In Gedanken stelle ich mir schon neue Geschmackskompositionen von Keksen, Schokoladentrüffeln und ganzen Menüs vor und lasse mir diese schon in meiner Fantasie auf der Zunge zergehen.

Am nächsten Tag: Noch knapp sechs Wochen bis Weihnachten, aber heute fallen die ersten Schneeflocken, zuerst ganz vereinzelte Flöckchen, dann tanzen immer mehr und mehr Flocken vom Himmel. Draußen dämmert es schon wieder, doch ich muss unbedingt durch den Garten laufen und den ersten Schnee auf der Haut spüren und mit meinem Mund einige Flocken auffangen. Sofort schmelzen die Kristalle auf meinen Lippen. Im Garten ist alles gedämpft und kein Laut ist zu hören. Ich genieße die Stille und den Geruch nach Schnee. Dieses Jahr also wirklich der erste Schnee ohne vorherigen Frost. Das ist selten. Meist zeigt sich der Garten frühmorgens in all seinen Pastelltönen, wie mit Puderzucker glitzernd bestreut, nach der ersten frostigen Nacht.

HERBSTMENÜ

Am 11. November ist St. Martin. Kinder mit den ausgefallensten, selbstgebastelten Laternen ziehen stolz Richtung Marktplatz, an unserem Haus vorbei. Während die Kinder mit ihren Eltern auf dem Lichterumzug singen, mache ich mir Gedanken über die Bauernregel, die besagt. dass auf ein sonniges Martinsfest ein kalter Winter folgt. Vielleicht sollte ich meinen Lorbeerbaum doch noch etwas dicker einpacken!

Nun aber ist Gänseessen angesagt. Noch einmal decke ich den Tisch im Esszimmer für unsere Gäste herbstlich, bevor ich mich in die Weihnachtsvorbereitungen stürze. Auf den Tisch kommt eine dicke Laubschicht. Dies sieht toll aus und verbreitet einen würzigen Duft im Raum. Dann werden darauf Silber und Blumengesteck mit Pilzen und Hortensien, Fetthenne, Samenstände von Herbstanemonen und Minze, umrankt mit bunten Blättern, arrangiert. Der Fantasie sind dabei keine Grenzen gesetzt.

MENÜFOLGE Feigen mit Parmaschinken | Feldsalat mit Speckcroutons | Gänseleber auf karamellisierten Apfelscheiben | Kürbiscremesuppe mit Chili-Pepitas | Seeteufelmedaillons mit Linsen | Birnensorbet mit getrockneter Birnenscheibe | Rehrücken in Rotwein mit Blaukraut, glacierten Maroni und Kartoffelnockerln | Gebackener Chaumes mit Trauben und kandiertem Ingwer und Feigensenf | Kürbisparfait mit Orangensalat in Grand Manier | Tarte Tartin | Maronitorte

Feigen mit Parmaschinken

Von den Feigen die Haut abziehen und die Früchte halbieren. Je eine halbe Scheibe Parmaschinken locker darüberlegen und am besten mit einem Glas kalten Champagners servieren.

8 reife dunkle Feigen
8 hauchdünne Scheiben Parma- oder Danielischinken

Den Salat gut waschen und auf einem Küchentuch trocknen. Speckscheiben in der Pfanne knusprig anbraten und auf einem Teller abkühlen lassen. Vom Toastbrot die Rinde wegschneiden, das Brot in kleine Würfel schneiden und in der Pfanne in zerlassener Butter ebenfalls knusprig braten.

Eine hölzerne Salatschüssel mit einer zerdrückten Knoblauchzehe ausreiben, Schale wegwerfen. Walnussöl mit Apfelessig, Balsamico, Vincotto und Senf verrühren. Mit Pfeffer und Salz abschmecken und mit den geschälten, grob zerkleinerten Nüssen und geschnittenem Schnittlauch in die Salatschüssel geben. Salat darin wenden, den Speck fein zerkrümeln und die Croutons darüberstreuen. Mit Kapuzinerkresseblüten dekorieren und sofort servieren.

200–300 g Feldsalat
100 g dünne Frühstücksspeckscheiben
3 Scheiben Weißbrottoast
Etwas Butter für die Croutons
½ Bund Schnittlauch
1 Knoblauchzehe
½ Tasse Walnussöl (passt hervorragend zu allen Bittersalaten)
1 kleiner Schuss Apfelessig
1 kleiner Schuss Balsamico
2 Spritzer Vincotto
1 TL Senf
Frisch gemahlener Pfeffer
Salz
3 Walnüsse
Einige Kapuzinerkresseblüten zum Verzieren

Der erste Vogerlsalat wird jetzt geerntet und jedes Jahr kann ich es kaum erwarten, den beliebten Salat zu verzehren. Ob Vogerl-, Nüssle-, Feld-, Rapunzel- oder Sunnewirbele-Salat – er schmeckt einfach köstlich!

Feldsalat mit Speckcroutons

Gänseleber auf karamellisierten Apfelscheiben

2 säuerliche Äpfel
2 walnussgroße Stücke Butter
1 EL brauner Zucker
4 Scheiben frische Gänsestopfleber
Mehl zum Bestäuben
1 Schuss Calvados
Salz
Frisch gemahlener Pfeffer

Äpfel schälen, Kerngehäuse mit Rundstecher entfernen und die Äpfel in 1 Zentimeter dicke Ringe schneiden. In einem Stück heißer Butter anbraten, Zucker darüberstreuen, wenden. Die Apfelringe sollten noch kernig sein. Auf vorgewärmten Tellern verteilen.

Die Gänseleberscheiben dünn mit Mehl bestäuben, überschüssiges Mehl abschütteln. In der gleichen Pfanne in etwas heißer Butter kurz und scharf auf beiden Seiten anbraten, bis sie eine Kruste bekommen haben. Die Leberscheiben sollten innen noch leicht rosa sein. Rasch auf den Apfelscheiben verteilen.

Fett aus der Pfanne abgießen und in die heiße Pfanne einen Schuss Calvados, etwas Salz und Pfeffer kurz aufkochen und auf der Gänseleber verteilen. Sofort servieren.

FÜR DIE SUPPE:
1 Zwiebel
2 walnussgroße Stücke Butter
1 kleiner Hokkaidokürbis
1 kleines Stück Sellerie
1 kleines Stück frischer Ingwer
700 ml Wasser
500 ml Sahne
1 TL Zimt
2 Pr Zucker
Salz
Frisch gemahlener Pfeffer
Kürbiskernöl und etwas geschlagene Sahne zum Verfeinern

FÜR DIE PEPITAS:
1 EL Sonnenblumenöl
100 g ungeschälte Kürbiskerne
2 EL brauner Zucker
½ EL Chilipulver

Kürbiscreme-Suppe mit Chili-Pepitas

Die Zwiebel schälen, halbieren und in der Butter kurz anbraten. Den in Stücke geschnittenen, entkernten (ungeschälten) Kürbis, das geschälte Stück Sellerie sowie das geschälte Stück Ingwer dazugeben. Mit Wasser aufgießen und weichkochen.

Die Sahne dazugeben und mit dem Pürierstab fein pürieren. Mit Zimt, Zucker, Salz und Pfeffer abschmecken.

Für die Pepitas das Sonnenblumenöl in einer Pfanne erhitzen, die Kürbiskerne dazugeben und gut durchrösten. Chilipulver einstreuen und dann mit dem Zucker nochmals kurz rösten, bis der Zucker geschmolzen ist und der Chili seinen vollen Duft entfaltet hat. Sofort auf Backpapier verteilen und abkühlen lassen.

Die Suppe auf vorgewärmten Tellern verteilen. Einen Löffel Schlagsahne und einige Tropfen Kürbiskernöl auf die Suppe tropfen und servieren. Die Chili-Pepitas als Suppeneinlage dazu reichen.

FÜR DIE LINSEN:
1 Tasse Puy-Linsen
1 Zwiebel
1 walnussgroßes Stück Butter
1 Scheibe Speck
1 Lorbeerblatt
250 g Sauerrahm
2 Spritzer Vincotto
Frisch gemahlener Pfeffer
Salz

FÜR DEN SEETEUFEL:
4 kleine Medaillons vom Seeteufel
4 große frische Salbeiblätter
4 dünne Scheiben Parmaschinken
1 walnussgroßes Stück Butter
Frisch gemahlener Pfeffer

Seeteufel-Medaillons mit Linsen

Die Linsen in etwas Wasser kernig weich kochen. Die Zwiebel schälen, fein schneiden und mit der Speckscheibe in der Butter glasig anbraten, die Linsen, Lorbeerblatt und Sauerrahm dazugeben und mit Vincotto, Pfeffer und Salz abschmecken.

Die Seeteufelmedaillons mit einem Küchentuch abtupfen, pfeffern, mit je einem Salbeiblatt belegen und mit dem Parmaschinken umwickeln. Die Butter in der Pfanne erhitzen und die Medaillons darin anbraten; mehrmals wenden, bis der Fisch durchgebraten ist. Die Medaillons mit einem Löffel Linsen auf Tellern anrichten. Mit frischen Salbeiblättern verzieren.

Birnensorbet mit getrockneter Birnenscheibe

FÜR DAS SORBET:
125 ml Wasser
250 g Zucker
Schale von 1 unbehandelten Zitrone
2–3 Birnen
Saft von 3 Zitronen
1 großes Schnapsglas Williams Christ
4 Eiweiß

FÜR DIE TROCKENBIRNE:
1 Birne
2 EL Zucker
200 ml Wasser

Wasser mit Zucker und einem Stück Zitronenschale 10 Minuten sprudelnd kochen. Anschließend die Schale entfernen. Die Birnen schälen und vom Kerngehäuse befreien. Mit dem Zitronensaft und dem Schnaps in das Zuckerwasser geben. Mit dem Pürierstab pürieren. 3 Stunden einfrieren. Eiweiß zu Schnee schlagen und in die fast gefrorene Masse rühren. In Sherrygläser füllen und wieder einfrieren.

Die einzelne Birne ungeschält in hauchdünne Scheiben schneiden. Zucker und Wasser aufkochen und die Birnenscheiben tauchen. Dann auf Backpapier legen und bei 100 °C im Backofen trocknen.

Sorbet 15 Minuten vor dem Servieren aus dem Gefrierfach nehmen. Je eine getrocknete Birnenscheibe auf dem Sorbet verteilen und sofort servieren.

FÜR DEN REHRÜCKEN:
1 Rehrücken mit Knochen
½ TL gemahlener Koriander
Frisch gemahlener Pfeffer
1 EL Thymian
1 TL Rosmarin
1 TL Majoran
½ Flasche trockener Rotwein
½ Flasche Bier
3 walnussgroße Stücke Butter
Einige Wacholderbeeren
1 Lorbeerblatt
½ Bund Petersilie
1 Zwiebel
2 Knoblauchzehen
1 Karotte
3 Champignons
Ein kleines Stück Lauch
Ein kleines Stück Sellerieknolle
Einige Speckwürfel
250 g Sauerrahm
250 ml Sahne
Salz

Rehrücken in Rotwein mit Blaukraut, glacierten Maroni und Kartoffelnockerln

Wir hatten daheim immer frisches Wild, da mein Vater ein leidenschaftlicher Jäger ist. Man findet aber auch beim Metzger gutes Wild zu kaufen. Ein Rehrücken reicht für 8 Personen, wenn das Gericht wie hier vorgeschlagen im Menü serviert wird.

Den Rehrücken in eine ausgebutterte, feuerfeste Form geben. Mit den Gewürzen einreiben. Gemüse putzen, grob zerkleinern und mit den restlichen Zutaten außer Sauerrahm und Sahne zum Fleisch geben, die Butter auf dem Fleisch verteilen. Im Backofen bei 180 °C ca. 40–60 Minuten braten. Das Fleisch sollte innen noch leicht rosa sein. Den Rücken auslösen, das Fleisch in Alufolie wickeln und warm halten.

Alles Mitgebratene (außer den Knochen) mit Sauerrahm und Sahne vermischen, fein pürieren und nochmals erwärmen. Ist die Sauce zu dick, noch etwas Sahne und Wein dazugegeben. Mit Pfeffer und Salz abschmecken.

Für das Blaukraut Zwiebel und Knoblauch fein hacken und in der Butter anschwitzen, dann das fein geschnittene Blaukraut dazugeben. Mit dem Wein aufgießen und dünsten. Die Äpfel schälen und ohne Kerngehäuse in Schnitze schneiden. Mit der Preiselbeermarmelade und dem Kümmel zum Kraut geben und weiter köcheln lassen. Mit Pfeffer und Salz abschmecken.

Alternativ zum Blaukraut kann man auch Sprossenkohl servieren. Kohl putzen und in wenig Salzwasser kurz dünsten. Wasser abgießen. Ein Stück Butter, Pfeffer und Salz sowie 1–2 Esslöffel Ahornsirup unter den Sprossenkohl mischen.

Die Maroni kurz in wenig Wasser kernig weich kochen. Den Zucker schmelzen, bis er leicht bräunt. Sofort die Butter hinzufügen, kurz karamellisieren lassen und dann die noch warmen Maroni dazugeben. Umrühren.

FÜR DAS BLAUKRAUT:
1 Zwiebel
1 Knoblauchzehe
2 walnussgroße Stücke Butter
1 kleiner Kopf Blaukraut
½ Flasche Rotwein
2 Äpfel
1 kleines Glas Preiselbeermarmelade
1 EL Kümmel
Frisch gemahlener Pfeffer
Salz
Butter für die Form

FÜR DIE MARONI:
500 g frische oder tiefgekühlte, geschälte Maroni
3 EL Zucker
2 walnussgroße Stücke Butter

FÜR DIE KARTOFFELNOCKERLN:
500 g mehligkochende Kartoffeln
3 Eier
1 Eidotter
200 g Mehl
150 g Magerquark
Etwas gemahlene Muskatnuss
Frisch gemahlener Pfeffer
Salz
2 walnussgroße Stücke Butter

Kartoffeln schälen und weich kochen, durch eine Kartoffelpresse drücken und mit den übrigen Zutaten – außer der Butter – zu einem geschmeidigen Teig verkneten. Mit einem Esslöffel Nocken ausstechen, auf der Handinnenfläche glattstreichen und einzeln ins kochende Salzwasser geben. Sobald sie schwimmen, mit einem Schaumlöffel herausheben, abtropfen und in eine Schüssel mit der Butter geben.

Das Fleisch in Scheiben schneiden und mit der Sauce sowie den Beilagen anrichten.

Zum Wild reiche ich oft einen gefüllten Apfel. Dafür einen Apfel schälen, halbieren, Kerngehäuse entfernen und kurz dünsten. Anschließend mit Preiselbeermarmelade füllen.

1 Chaumes
Baguette
Weintrauben
Kandierter Ingwer
Feigensenf

Gebackener Chaumes

Den Chaumes in eine feuerfeste Form setzen und im Backofen bei 200 °C backen, bis der Käse flüssig ist. In der Form zum Herauslöffeln servieren. Dazu frisches Baguette, Trauben, den kandierten Ingwer und den Feigensenf servieren.

Kürbiskernparfait mit Kürbispesto

Ein Rezept von meiner Mutter, das sich hervorragend für mein Herbstmenü eignet.

FÜR DAS PARFAIT:
2 Eier
1 Eidotter
1 EL Vanillezucker
3 EL brauner Zucker
1 EL Kristallzucker
2 EL Honig
Saft von 1 Orange
Etwas Orangenlikör
Grob gehackte Kürbiskerne
300 ml Sahne

FÜR DAS PESTO:
1 EL Kürbiskernöl
2 EL grob gehackte Kürbiskerne
1 zerkleinerter Löffelbiskuit
Etwas geriebener Ingwer
1 TL brauner Zucker

Eier, Dotter, Vanillezucker und braunen Zucker im Wasserbad schlagen, bis die Masse fest wird.

Kristallzucker karamellisieren und Honig, Orangensaft und Likör zufügen. Kürbiskerne rösten und dazugeben. Sofort in die schaumige Eiermasse rühren und kalt schlagen. Sahne schlagen und dazu mischen.

Souffléförmchen kalt ausspülen, die Masse hineinfüllen und mindestens 4–5 Stunden gefrieren.

Für das Pesto alle Zutaten mischen.

Zum Servieren die Förmchen kurz in heißes Wasser tauchen und das Parfait stürzen. Mit je einem Esslöffel Kürbiskernpesto anrichten.

Fantastisch dazu schmeckt ein Orangensalat aus frischen Orangen, aromatisiert mit Orangenlikör.

Tarte Tatin

FÜR DIE TARTE:
Butter für die Form
6 Äpfel
100 g Butter
150 g Mehl
50 g Puderzucker
Geriebene Schale von ½ unbehandelten Zitrone
1 Eidotter
1 Msp Backpulver

ZUM KARAMELLISIEREN:
4 EL Zucker

ZUM FLAMBIEREN:
3–4 Schuss Calvados

AUSSERDEM:
250 ml Sahne

Eine Tarteform dick ausbuttern und mit den geschälten, in Spalten geschnittenen Äpfeln kreisförmig auslegen. Aus Butter, Mehl, Puderzucker, Zitronenschale, Eidotter und Backpulver einen Mürbeteig kneten, diesen kreisförmig ausrollen, über die Äpfel legen und andrücken. Im Backofen bei 180 °C backen, bis der Teig goldgelb ist. Eine zweite Tarteform mit gleichem Durchmesser über den heißen Kuchen stülpen und das Ganze mit einem schnellen Ruck umdrehen. Die gestürzte Tarte mit dem Zucker gleichmäßig bestreuen und unter dem Grill hellbraun karamellisieren. Mit dem vorgewärmten Calvados übergießen und flambieren. Heiß mit geschlagener Sahne servieren.

Maronitorte

Das benötigte Maronipüree stellt man am besten aus gefrorenen, geschälten Maroni her. Maroni in wenig Wasser mit etwas Vanillezucker weich dünsten und mit dem Pürierstab pürieren.

6 Eier
320 g Zucker
320 g Maronipüree
100 g gemahlene Mandeln
50 g Zitronat
1 TL Vanillezucker
Geriebene Schale von 1 unbehandelten Zitrone
1 Pr Salz
Butter für die Form
Etwas Puderzucker

Die Eidotter mit dem Zucker weiß schaumig schlagen. Maronipüree, Mandeln, Zitronat, Vanillezucker und Zitronenschale dazurühren. Eiweiß mit Salz zu steifem Schnee schlagen und unter die Maronimasse heben. In eine gut ausgebutterte Tortenform füllen und im vorgeheizten Backofen bei 180 °C ca. 40–50 Minuten backen. Nach dem Auskühlen mit Puderzucker bestäuben.

Schmeckt auch hervorragend mit einem Überzug aus 250 Millilitern geschlagener, gesüßter Sahne oder mit einer Schokoladenglasur.

Dafür 100 Gramm Schokolade schmelzen, mit 1 Esslöffel Wasser und zwei walnussgroßen Stückchen Butter verrühren. Über die Torte gießen.

Winter

Schnee · Tannenzweige · Christrosen · Ilex · Efeu · Buchs · Viburnum · vergoldete Hortensienrispen · Amaryllis · Eukalyptus · Tannenzapfen · Moos · Skimmy · Martinsäpfel · Nüsse · Olivenzweige · Datteln · Zimtrinde · Sternanis · Muskat · Nelken · [illegible]zeln · [illegible] · Zier-[illegible]er [illegible]bäp[illegible] · getrock-[illegible] · Mandarinen · Stechpalmen-beeren · Ingwer · Schneebeeren · Eiben · …

DEZEMBER *Mein Mann hat das selbstgebaute Vogelhaus im Garten montiert und ich mische unseren Vögeln Futter. Danach hänge ich wie jedes Jahr aus Drahtkleiderbügeln geformte Herzen in die Bäume und spieße Äpfel und Meisenknödel daran auf. Je abwechslungsreicher das Futterangebot ist, desto mehr Vogelarten finden sich am Futterhäuschen ein. Schon am nächsten Morgen höre ich ein Tschirpen und sehe ein Gerangel der verschiedensten Vögel, die sich um den Futterplatz scharen. Lautstark wird um die besten Bissen gestritten. Da hüpft plötzlich mit flinken Sprüngen ein Eichhörnchen zum Futterplatz, stibitzt sich eine Nuss und verzehrt sie genüsslich in der Astgabel der Hängeesche.*

In der Nacht hat es weiter geschneit und alles ist wie verzaubert. Mein Garten hat sich wirklich über Nacht in ein Weihnachtsmärchen verwandelt. Die in Form geschnittenen Büsche und Hecken wirken wie Skulpturen. Gartenmöbel, Statuen und Büsten haben schneeweiße Hauben an.

Groß ist die Freude, einen gemeinsamen Spaziergang mit der ganzen Familie und natürlich unserer Hündin zu unternehmen. In warme Jacken gehüllt und die Pelzmütze über die Ohren gezogen toben wir übermütig durch den Schnee. Glücklich, mit roten Backen kehren wir von unserem herrlichen Gang durch die weiße Winterpracht nach Hause zurück. Richtig gemütlich ist es dann in unserer Küche bei heiß dampfendem Kakao mit Chili und im Schneekessel von Hand geschlagenem Rahm. Jetzt beginnt die Jahreszeit für Genießer. Der Winter ist für mich eine Ruhepause. Man kann wieder in Büchern versinken, Fotos ordnen, lange Gespräche führen, klassische Musik hören und köstliche, verführerische, winterliche Gerichte kochen – und dabei seine Liebsten verwöhnen.

Die Sehnsucht nach dem Duft von frisch gebackenen Keksen wird immer lebendiger und schon bald stehe ich mit Leidenschaft in der Küche und backe eine Sorte nach der anderen und wirklich himmlische Düfte verbreiten sich im ganzen Haus. Verschiedenste Keksausstecher und alte Backformen habe ich in all den Jahren mit meiner Sammlerleidenschaft zusammengetragen.

Im Garten gibt es momentan nichts zu tun und so begebe ich mich auf den Dachboden auf Schatzsuche und fange an, in Schachteln und Kisten zu wühlen. Ich bin genau in der richtigen Stimmung, um unser Haus und auch den Garten in weihnachtliche Feststimmung zu bringen und meiner Fantasie vollen Lauf zu lassen. Mit den Jahren habe ich eine ordentliche Sammlung an Kostbarkeiten zusammengetragen. Doch überwiegen Naturalien bei meinem Weihnachtsschmuck. Rechtzeitig, meist eine Woche vor dem ersten Advent, beginne ich, Schätze aus Wald, Feld, Wiese und Garten zu horten, mit denen ich die Gestecke und Kränze schmücke. Viele Tannenzapfen aller Art und noch mehr dunkelrote, duftende Martinsäpfel, große Holzfiguren, lebensgroße Engel und Sterne aus

Eisen in Rostoptik, viel dunkelroter Stoff, auch Saris und rotkarierte Bänder verwandeln unser Heim in ein kleines Wintermärchen. Die Haustür ziert ein Kranz und heißt jeden Gast herzlich willkommen. Natürlich darf der Mistelzweig nicht fehlen ... Am Tor zur Einfahrt erleuchten Kerzen in zahlreichen Laternen die Dämmerung und wecken bei fast jedem Vorübergehenden eine besondere Sehnsucht nach der Magie von Weihnachten, nach Wärme und Glanz im Alltag. Die Arbeit der letzten zwei Wochen hat sich gelohnt und die mühsame Kistenschlepperei ist in Vergessenheit geraten. Zufrieden und stolz betrachte ich mein Werk, gerade rechtzeitig zum ersten Advent erstrahlt unser Haus in geheimnisvollem Glanz und verdrängt all das Graue, Dunkle und Trübsinnige.

Ein dunkler, warmer Rotton ist immer noch die klassische Farbe für diese Jahreszeit. Eine Farbe, die wir mit Wärme, Zimt, Nelken und Glühwein verbinden. Wir denken an Tee und Punsch, den Duft von Weihnachtskeksen und von Kerzen und den harzigen Duft von Tannenzweigen. Natürlich selbstgebundene, meterlange Girlanden und auch Kränze aus Reisig und Stechlaub mit roten Beeren schmücken unser Stiegenhaus. Aber auch alles, was funkelt und glitzert, versprüht geheimnisvolles Leben und lässt nicht nur Kinderaugen strahlen.

Heute kommen Gäste und das Speisezimmer ist ein glanzvoller Anblick. Im Schein der Kerzen schimmern das Porzellan und das blankpolierte Silber. Die Kristallgläser blitzen zwischen pausbäckigen Engeln. Frisch gestärkte Leinenservietten sind mit kleinen Gestecken aus Tannenreisig in Silberringe geschlungen. In der Mitte thront die Jardiniere gefüllt mit Rosen, die ich zuvor in Eiweiß tauchte und dann in Kristallzucker wälzte, und rubinrote, antike Christbaumkugeln. Überall verbreiten Teelichter in dunkelroten Gläschen ein heimeliges warmes Licht und eine funkelnde Stimmung. In der Küche habe ich alles vorbereitet für mein Menü. Jetzt lege ich noch klassische Musik auf und zünde außen am Eingang und im Garten die Laternen an. Wir freuen uns auf unsere Gäste und auf einen gemütlichen Abend.

VOM GROSSEN FEST MIT WEIHNACHTSMENÜ

Wir haben in unserer Familie den schönen Brauch, gemeinsam den Baum im Wald auszusuchen und zu schlagen. Oft haben wir das Glück gehabt, dies bei wirklich winterlichen Verhältnissen zu zelebrieren. Als wir uns von dem Bauernhof aus auf den Weg machen, knirscht der Schnee unter unseren Sohlen und wenn wir in die Luft hauchen, bilden sich kleine helle Wolken von unserem Atem. Überall glitzern Eiskristalle und im Schnee finden wir die Spuren eines Hasens. Weiter geht's querwaldein und jeder von uns prüft und schüttelt Schnee ab von den Bäumen. Da – einer von uns hat eine wunderschöne Tanne entdeckt und bindet eine Schleife als Markierung daran. So geht dies eine Weile, und es sind jetzt einige markierte Kandidaten zur Auswahl. Der Familienrat hält Sitzung und wir entscheiden uns. Mein Mann beginnt zu sägen und gemeinsam hieven wir die über drei Meter hohe, ziemlich schwere Nordmanntanne den Hang hinab durch dorniges Brombeergestrüpp und verladen sie. Gut gelaunt, nach einer Runde von den Bauersfrauen selbstgemachten Likörs, der herrlich würzig und aromatisch nach Waldbeeren schmeckt, begeben wir uns auf den Heimweg.

Ins Warme gebracht, wird der Baum im Christbaumständer eingespannt. Ganz perfekt ist er vielleicht nicht, aber für uns ist er der Schönste und ich mache mich mit Genuss an das Herausputzen. Stunden bin ich damit beschäftigt, bis mein über die Jahre gesammelter Schmuck den Baum ziert. An jeder Kugel und jedem Ornament hängt eine Geschichte. Ein viktorianisch geschmückter Christbaum ist für mich richtig Weihnachten. Unser Baum wird übrigens schon zu Nikolaus aufgestellt, weil die Familie Weihnachten traditionell auf dem Bödele im Bregenzerwald, dem Ferienhaus meiner Eltern, gemeinsam feiert. Fernab jeden Trubels am Waldrand überkommt einen schon beim Eintreten dieses wohlige, heimelige Gefühl. Es ist zwar mühsam, alle Köstlichkeiten hierher zu bringen, aber wenn sich alle erst eingerichtet haben und das Holzfeuer im alten Küchenofen knistert, ein herrlicher Bratenduft durch die Küche zieht, draußen der Mond die Schneelandschaft erleuchtet, der eisige Wind ums Haus pfeift und die Äpfel auf dem kleinen Christbaum duften, beginnt es urgemütlich zu werden.

WINTERMENÜ

MENÜFOLGE Dörrpflaumen im Speckmantel | Lachstartar | Wurzelrahmsüppchen mit Trüffelöl | Gänseleberterrine mit Quittengelee und schwarzen Nüssen | Steinbutt mit Safran und Petersilienkartoffeln | Glüwein-sorbet | Kalbsschnitzel mit schwarzem Trüffel | Trüffelkäse und Trauben | Mohnsterne mit Zimtparfait und Zwetschgenröster | Malakowtorte | Schnee-weiße Weihnachtstorte

Dörrpflaumen im Speckmantel

150 g Frühstücksspeck in dünnen Scheiben
1 Pck saftige Dörrpflaumen

Die Speckscheiben halbieren und jede Pflaume mit Speck umwickeln. Mit einem Zahnstocher feststecken und auf einem mit Backpapier belegten Blech bei 180 °C knusprig backen. Heiß zu Sherry oder Champagner servieren.

LACHSTARTAR

1 kleine Lauchzwiebel
½ Bund Schnittlauch
150–200 g Räucherlachs
½ TL Meerrettich
200 g Hüttenkäse
2 EL Sauerrahm
1 TL Zitronensaft
Frisch gemahlener Pfeffer

Toastbrot
Butter

Lauchzwiebel und Schnittlauch sehr fein hacken. Den Lachs mit dem Messer zerkleinern und mit den restlichen Zutaten vermischen. Toastscheiben entrinden und bebuttern, diagonal halbieren und unter dem Grill toasten. Lachstartar auf den heißen Toastecken verteilen und warm zum Aperitif servieren.

Die Zwiebel schälen, grob schneiden und in der Butter kurz anschwitzen. Das Wurzelgemüse schälen, in grobe Stücke schneiden, zur Zwiebel geben und mit Wasser bedecken. Alles weich kochen, Sahne zufügen und pürieren. Mit Pfeffer, Muskat und Salz abschmecken. Ist die Suppe zu dick, eventuell noch etwas Sahne zugeben. Am Schluss den Geschmack mit einem Spritzer Trüffelöl abrunden.

Die Schwarzwurzel gut waschen, nicht schälen und mit dem Gurkenhobel fein hobeln. Im heißen Öl frittieren und auf einem Küchenpapier abtrocknen lassen. Die Suppe anrichten und mit den Schwarzwurzelchips dekorieren.

Absoluter Luxus, aber unbeschreiblich: Etwas frischen weißen Trüffel anstatt der Schwarzwurzelchips darüberhobeln.

FÜR DIE SUPPE:
1 Zwiebel
2 walnussgroße Stücke Butter
½ kleine Sellerieknolle
3 Pastinaken
3 Petersilienwurzeln
2 Topinamburwurzeln
1 kleine Karotte
1 mehlige Kartoffel
500 ml Sahne
Frisch gemahlener Pfeffer
Etwas gemahlene Muskatnuss
Salz
Weißes Trüffelöl

FÜR DIE SCHWARZWURZELCHIPS:
1 Schwarzwurzel
Sonnenblumenöl

Wurzelrahmsüppchen mit Trüffelöl

Gänseleberterrine mit Quittengelee und schwarzen Nüssen

Für das Gewürzsalz alle Zutaten im Mörser zu feinem Staub zerstoßen. Hält sich in einem Einmachglas mindestens 1 Jahr.

Die Lebern reinigen, indem man die Lappen auseinanderzieht und eventuelle Gallereste gut entfernt. Adern herausziehen und dann die Lebern mit dem Gewürzsalz einreiben. Mit Cognac und Portwein übergießen und über Nacht einziehen lassen.

Am nächsten Morgen die Leber in eine emaillierte, gusseiserne Terrinenform fest hineindrücken. Dabei sollten keine Lufträume dazwischen sein. Terrinenform mit dem Deckel zudecken, in ein zweites feuerfestes Gefäß stellen und in den Backofen schieben. Das zweite Gefäß bis zum Rand der Terrine mit kochendem Wasser auffüllen und alles bei 140 °C 40 Minuten garen. Die Terrine aus dem Ofen nehmen, aber im Wasser abkühlen lassen. Dann erst den Deckel abnehmen und mit dem geschmolzenen Gänsefett übergießen.

Die Terrine sollte mindestens 1 Tag gekühlt werden, bevor man sie anschneiden kann. Im Kühlschrank kann sie 2 Wochen aufbewahren werden.

Terrine kurz vor dem Servieren aus dem Kühlschrank nehmen und mit einem runden Messer, das zuvor in heißes Wasser getaucht wurde, in 1 Zentimeter dicke Scheiben schneiden. Auf Tellern mit einem Löffel Quittengelee und in hauchdünne Scheiben geschnittenen schwarzen Nüssen anrichten. Frischen Weißbrottoast oder auch Briochetoast dazu reichen.

Schwarze Nüsse einzulegen ist zwar eine ziemliche Prozedur, die sich aber lohnt. Der Geschmack ist einfach unvergleichlich. Die Nüsse passen auch hervorragend zu Wildgerichten und zu Winterdesserts sowie Käse. Tagelang müssen die grünen Walnüsse gewässert werden, täglich in frischem Wasser. Am 10. Tag werden sie in einem Gewürzsud weich gekocht, mehrmals mit einem Zuckergemisch übergossen und aufgekocht. Danach werden die Nüsse eingekocht und abgefüllt. Sie müssen mindestens sechs Wochen ziehen; nach ein bis drei Jahren schmecken sie am besten. Wichtig ist, dass die grünen Nüsse zum richtigen Zeitpunkt (vor Johanni) geerntet werden.

Bei den Quitten gilt natürlich ebenso, dass selbstgemachtes Quittengelee unvergleichlich besser schmeckt als gekauftes. Glücklich ist der, der einen Nuss- und einen Quittenbaum in seinem Garten besitzt und so für den Winter hamstern kann.

FÜR DAS GEWÜRZSALZ:
3 g Thymian
3 g Basilikum
2 g Rosmarin
20 weiße Pfefferkörner
20 schwarze Pfefferkörner
5 Pimentkörner
1 Pr Ingwer
1 Pr Zimt
½ TL Korianderkörner
Ganz wenig Kümmel
1 Msp Nelkenpulver

FÜR DIE TERRINE:
800 g frische Gänsestopfleber
1 Schnapsglas Cognac
1 Schnapsglas Portwein
100 g Gänsefett
1–2 EL Gewürzsalz

Quittengelee (am besten selbst gemachtes)
Schwarze Nüsse (am besten selbst eingelegt vor Johanni)

Steinbutt mit Safran und Petersilienkartoffeln

FÜR DEN STEINBUTT:
2 Steinbuttfilets (600–800 g)
Fleur du Sel
Frisch gemahlener Pfeffer
Etwas Mehl
3 walnussgroße Stücke Butter
2 Schuss Noilly Prat Wermut
500 ml Sahne
1 Msp Safran
Einige Safranfäden

FÜR DIE PETERSILIENKARTOFFELN:
Pro Person 2 kleine festkochende Kartoffeln (am besten sind Kipfler)
Butter
1 kleiner Bund Petersilie

Die Filets der Länge nach teilen, salzen, pfeffern und mit wenig Mehl bestäuben. Überschüssiges Mehl abschütteln. Den Fisch in 2 Stücken heißer Butter auf beiden Seiten kurz anbraten und auf einen Teller legen. Den Wermut in die heiße Pfanne gießen und scharf aufkochen lassen, dann die Sahne und den ganzen Safran dazugeben. Die Sauce sämig einkochen lassen. Mit Pfeffer und Salz abschmecken. Die Fischfilets zurück in die Pfanne geben, das dritte Stück kalte Butter dazugeben und auf niedrigster Stufe kurz pochieren.

Dazu essen wir Kipfler, kleine, längliche, festkochende, sehr gelbe Kartoffeln, die in reichlich Butter geschwenkt und mit fein gehackter Petersilie und Salz abgeschmeckt werden.

125 ml Wasser
250 g Zucker
Schale von 1 unbehandelten Zitrone
Saft von 3 Zitronen
Saft von 1 Orange
125 ml Rotwein
4 Eiweiß
½ TL gemahlener Zimt
½ TL Nelkenpulver
1 Pr gemahlener Sternanis

Glühwein-Sorbet

Wasser mit Zucker und einem Stück Zitronenschale 10 Minuten sprudelnd kochen, etwas geriebene Zitronenschale und alle übrigen Zutaten, außer dem Eiweiß, dazugeben. 3 Stunden ins Gefrierfach stellen und dann pürieren. Eiweiß zu steifem Schnee schlagen, einrühren, in schöne Gläser füllen und wieder ins Gefrierfach stellen. 15 Minuten vor dem Servieren aus dem Gefrierfach nehmen und mit einer dünnen Orangenscheibe sowie einer Gewürznelke verzieren.

Kalbsschnitzel mit schwarzem Trüffel

FÜR DIE SCHNITZEL:
4 zarte Kalbsschnitzel (vom Rücken oder Filet)
2 walnussgroße Stücke Butter
Etwas Mehl
2 Schuss Noilly Prat Wermut
400 ml Sahne
2 schwarze Winter-Trüffelknollen
Frisch gemahlener Pfeffer
Salz

FÜR DEN WIRSING:
1 Zwiebel
2 Knoblauchzehen
2 walnussgroße Stücke Butter
½ Kopf Wirsing
125 ml Champagner oder trockenen Sekt
2 EL Ahornsirup
Frisch gemahlener Pfeffer
Salz
Einige Spritzer Trüffelöl

Die Schnitzel zart klopfen und halbieren. Ein Stück Butter erhitzen und die Schnitzel darin anbraten. Einen Hauch Mehl auf das Fleisch geben, mit dem Wermut ablöschen und mit Sahne aufgießen. Die Sauce mit den Schnitzeln sämig einkochen lassen. Trüffel mit dem Trüffelhobel in die Sauce hobeln, mit Pfeffer und Salz abschmecken.

Für den Wirsing die Zwiebel und den Knoblauch fein schneiden und in der Butter glasig dünsten. Den Wirsing ebenfalls fein schneiden, dazugeben und mit Champagner und Ahornsirup weichdünsten. Pfeffern, salzen und mit dem Trüffelöl verfeinern. Mit den Schnitzeln anrichten und mit duftendem Basmatireis servieren.

Trüffelkäse und Trauben

Als Zwischengang einen cremigen, aromatischen Trüffelkäse mit Trauben und Walnussbrot servieren.

Mohnsterne mit Zimtparfait und Zwetschgenröster

Dies ist ein Rezept meiner Großmutter, die es wie meine Mutter – aber ohne Mohn-Fertigfülle – zubereitet. Zwetschgenröster schmeckt am besten aus den kleinen, herb-süßen Spätzwetschgen und ich bereite dann immer einen Vorrat fürs ganze Jahr zu. In Gläschen abgefüllt ist er im Kühlschrank sehr lange haltbar.

FÜR DIE MOHNSTERNE:
180 g zimmerwarme Butter
200 g Zucker
6 Eier
200 g frisch gemahlener Mohn
1 Pck Mohn-Fertigfülle
Geriebene Schale von ½ unbehandelten Zitrone
100 g gemahlene Mandeln

FÜR DIE GLASUR:
Saft von 1–2 Zitronen
Kristallzucker

FÜR DAS ZIMTPARFAIT:
5 Eier
100 g Zucker
1 EL gemahlener Zimt
1 TL Vanillezucker
450 ml Sahne

FÜR DEN ZWETSCHGENRÖSTER:
700 g Zwetschgen
75 ml Wasser
100 g Zucker
1 Zimtstange
4 Nelken
1 Schuss Rum

Butter mit Zucker und Eidotter schaumig schlagen. Mohn, Mohnfülle, Zitronenschale und Mandeln einrühren. Eiweiß zu steifem Schnee schlagen und unterheben. Auf ein mit Backpapier belegtes Ofenblech streichen. Bei 180 °C ca. 15–20 Minuten backen. Zitronensaft und Zucker verrühren und den warmen Kuchen glasieren. Auskühlen lassen. Mit einer großen Ausstechform Sterne ausstechen oder einfach in gleichgroße Rechtecke schneiden. Die Mohnmasse lässt sich auch gut als Torte backen.

Für das Parfait Eidotter mit Zucker, Zimt und Vanillezucker schaumig schlagen. Geschlagene Sahne sowie das zu Schnee geschlagene Eiweiß einrühren.

In eine oder mehrere Förmchen füllen und gefrieren oder in die Eismaschine füllen. 10 Minuten vor dem Genießen aus dem Gefrierfach nehmen.

Die Zwetschgen entkernen und halbieren, mit den übrigen Zutaten zu einem dicken Kompott einkochen.

Je einen Stern auf einem Teller mit einem Löffel Zimtparfait und einem Esslöffel warmen Zwetschgenrösters anrichten und mit Puderzucker den ganzen Teller leicht bestäuben.

Malakowtorte

Diese Torte ist bei den Männern in der Familie besonders beliebt.

200 g zimmerwarme Butter
250 g Zucker
5 Eidotter
500 ml Sahne
200 g gemahlene Mandeln
100 g gehackte Mandeln
3 Tassen starker Kaffee
2 Schuss Cognac
30–50 Löffelbiskuits

Etwas Zucker
Mandelsplitter zum Verzieren

Butter mit Zucker und Eidottern schaumig schlagen, die Hälfte der Sahne dazugeben und kurz weiterschlagen. Alle Mandeln einrühren. Kaffee und Cognac mischen. Löffelbiskuits eintauchen, den Boden einer Springform damit auskleiden und mit Buttermandelcreme bestreichen. Lagenweise so weiterschichten, bis die Creme aufgebraucht ist, mit einer Lage Biskuits enden. Die restliche Sahne steif schlagen, nach Belieben zuckern und auf der Torte verteilen. Mit Mandelsplittern verzieren. Die Malakowtorte sollte mindestens 10 Stunden kalt gestellt werden und gut durchziehen, bevor man sie serviert.

Schneeweiße Weihnachtstorte

FÜR DIE TORTE:
250 g Zucker
6 Eier
250 g Karotten
250 g gemahlene Mandeln
1 Schuss Rum
1 TL Vanillezucker
½ TL dunkles Kakaopulver
1 Pr Salz

FÜR DIE GLASUR:
100 g Himbeermarmelade
1 runde Marzipandecke
Saft von 1 Zitrone
Puderzucker
Walnusskerne

Zucker mit Eidottern weiß-schaumig schlagen. Karotten schälen, fein reiben und zusammen mit Mandeln, Rum, Vanillezucker und Kakaopulver dazurühren. Eiweiß mit Salz zu steifem Schnee schlagen und unterheben. Im vorgeheizten Backofen bei 180 °C ca. 40–50 Minuten backen. Nicht zu lange backen! Kuchen auskühlen lassen und dann stürzen.

Mit der Himbeermarmelade überziehen. Mit der Marzipandecke abdecken und am unteren Rand einschlagen. Den Zitronensaft mit soviel Puderzucker verrühren, bis eine cremige Konsistenz erreicht ist, und auf der Marzipandecke verteilen. Die Glasur trocknen lassen und dann mit den Walnusskernen verzieren.

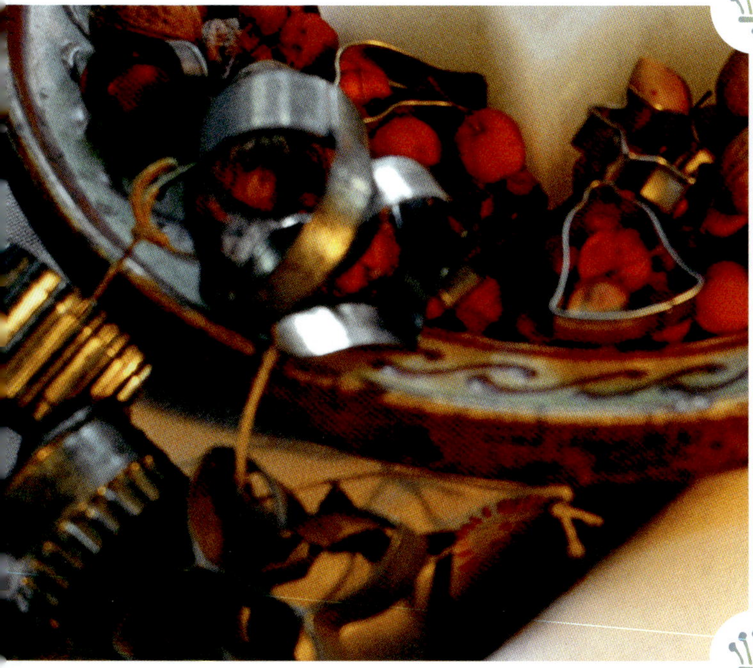

JANUAR *Wir wurden die Tage bis Silvester mit strahlendblauem Himmel und einer knackigen Kälte verwöhnt. Im knirschenden Schnee zu laufen ist ein unbeschreiblich tolles Gefühl. Wir machen Ausflüge ins Hochmoor und dort bietet sich uns ein zauberhafter Anblick. Die Oberfläche ist über und über mit den unterschiedlichsten Kristallen übersät und funkelt und glitzert in der späten Nachmittagssonne. Dazwischen spiegeln die zugefrorenen Moortümpel wie auf einem alten Ölbild. Die Tannen, Latschenkiefern und die Birken sind ebenfalls mit Schneekristallen überzogen und in der Luft fliegen glitzernde Teilchen dieser Kristalle. So etwas Fantastisches habe ich noch selten gesehen. Auf dem zugefrorenen See sind nur die Spuren eines Fuchses zu sehen. Und eine Stille ist das hier!*

Silvester feiern wir gemütlich und ruhig mit meinen Eltern und engen Freunden ums Fondue geschart in der alten Holzveranda im Berghaus. Am nächsten Morgen, mit noch kleinen Augen, lauschen wir den Neujahrsklängen von Johann Strauss, wie jedes Jahr von den Wiener Philharmonikern gespielt. Am Nachmittag, bevor wir uns ans Verspeisen der obligatorischen serbischen Bohnensuppe machen, geht's zum Langlaufen. Eine köstliche Ruhe und ein fantastisches Naturschauspiel bieten sich uns. Der Himmel ist blutrot gefärbt und im Tal ziehen Nebelschwaden, manche von ihnen ziehen bis herauf zu uns. Die Umrisse der Tannen werden weich und verschwommen und die Beleuchtung einzigartig. Unsere Hündin bringt uns zurück in die Wirklichkeit, als ein Auerhahn vor uns aufflattert, der sich von ihr gestört fühlt.

JANUAR

FEBRUAR *Wir packen unsere Schlitten und machen ein Picknick im Schnee auf dem Berg. Ein lustiges Grüppchen sind wir, als wir oben ankommen und unser Feuer in der mitgebrachten alten Zinkwanne entfachen. Als wir die Thermoskannen aufschrauben, zieht eine köstliche, duftende Dampfwolke durch die Luft. Erbsenwurstsuppe und Würstchen mit selbstgebackenem Brot werden in Schälchen verteilt und wir stärken uns für die heitere Talfahrt.*

Obwohl der Februar noch sehr kalt und der Boden steinhart gefroren ist, rückt der Frühling näher. Der Vogelgesang nimmt tagtäglich zu. Zaubernuss, Winterjasmin und Duftschneeball stehen in voller Blüte und aus dem gefrorenen Boden lugen schon überall kleine Spitzen von Narzissen und Krokussen heraus. Ein paar vorwitzige Schneeglöckchen blühen an einer sonnigen Stelle. Der Anblick lässt mein Herz richtiggehend einen Hüpfer machen. Ich habe mir das Warten auf den Frühling verkürzt, indem ich mir vorgezogene Zwiebelpflanzen besorgt und diese in verschiedene Gefäße eingetopft habe. Meine Lieblingsfarben im Februar sind Weiß und Grün. Daher blühen und duften jetzt weiße Hyazinthen, Schneeglöckchen und Amaryllis, gemischt mit grün treibenden Zweigen, auf der Fensterbank, in irdenen Gugelhupfformen, Tassen und Weckgläsern um die Wette. Doch auch wenn in meiner Küche der Frühling eingezogen ist, so ist es eben doch noch Winter. Mit einem gewaltigen Sturm kündigt er sich an und bricht die ältesten und dicksten Douglasien mit seiner Macht. Traurig liegen die einst stolzen, alten Riesen kreuz und quer im Wald. Das Einzige, was ich im Moment genießen kann, ist dieser unheimlich intensive Duft von frisch geschlagenem Holz. Tief atme ich den harzigen Geruch ein und kann gar nicht genug davon bekommen.

Ausgelassen feiern wir den Fasching und meine Freundin und ich organisieren einen Maskenball. Kein Fasching ohne Hefegebäck, ob Krapfen, Berliner, Bombolonis, Fasnachtsküchli, Nonnenfürzle oder Fritelli und wie sie alle heißen. Wir verspeisen ganze Berge von Faschingskrapfen, außen knusprig und innen weich und luftig mit Marillenmarmelade gefüllt, nach frischem Hefegebäck duftend.

REGISTER DER REZEPTE

DANKE

Ganz herzlichen Dank möchte ich meinem geliebten Mann Roland aussprechen, der viel Geduld mit mir hatte und außerdem so viele von meinen Fotoreportagen mit mir zusammen mit seiner Hasselblad fotografierte und mir seine alte Leica geborgt hat. Außerdem hat er unwahrscheinlich viel Zeit für mich und mit mir am PC aufgebracht.

Außerdem bin ich dankbar dafür, von meinen Eltern in dieses bewusste genussvolle Essen eingeführt worden zu sein, das schon damit anfing, dass wir Kinder auf alle Gourmetreisen – vor allem nach Frankreich – mitgenommen wurden. Bei den zahlreichen Einladungen bei uns zu Hause, mit meiner Mutter als hervorragende Köchin, durften wir als „Küchenjunge" üben und beim Servieren helfen. Das war wohl der wichtigste Grundstock für mein Buch!

Auch meinen Söhnen Nicolai und Alexander mit ihren Freundinnen Kathrin und Lisa danke ich für ihre stete Hilfsbereitschaft und ihr Mitwirken als Statisten und Vorkoster und natürlich am PC.

Und ein dickes Dankeschön an alle unsere guten Freunde, die mit uns, bei uns genießen und mich bei meinen Ideen unterstützen und stärken.

echer Buschwindröschen
Schneeglöckchen Hyazinthen
Vergissmeinnicht Veilchen Maiglöck-
Blausternchen Wolfsmilch Frauenmantel Stief-
alomonsiegel SOMMER Pfingstrosen
orchenschnabel Kapuzinerkresse Glocken-
Rittersporn Malven Mohn Felbe-
lraute Fingerhut Melisse
Nachtkerze Königslilie Geißblatt
ST Äpfel Astern Dahlien Kürbisse
kern Nüsse buntes Laub Chrysan-
beeren Hortensien wilde Brombeeren
en Lampionblumen Eisenhut
eu Buchs Viburnum vergoldete Hortensienrispen Amaryllis Eukalyptus Tan-
Muskat Nelken Holz Wurzeln Barbarazweige Zier- oder Crabäpfel getrock-
n Ingwer Schneebeeren Eiben ...

FRÜHLING Winterlinge Märze
Gänseblümchen Narzissen Traubenhyazinth
Bärlauch Primeln Stiefmütterchen Tränendes
chen Flieder Iris Tulpen Ranunk
mütterchen Hornveilchen Waldmeister Huflattich Akelei
Duftwicken Lavendel Rosen
blumen Stockrosen Hartriegel Lupini
rich Sonnenblumen Seerosen
Zitronenthymian Minze Rosmarin Weihrauc
Basilikum Duftpelargonie Tuberrose HE
Hagebutten Maroni Kastanien Bu
themen Birnen Kraut Viburnu
Vogelbeeren Wilder Wein Tra
WINTER Schnee Tannenzweige Christrosen Ilex
nenzapfen Moos Skimmy Martinsäpfel Nüsse Olivenzweige Datteln Zimtrinde Sterna
nete Früchte Orangen Mandarinen Stechpal